하늘을 품은 한자, 주역으로 풀다

# 하늘을 품은 한자,
# 주역으로 풀다

**초판 1쇄 발행** 2016년 8월 31일
**개정판 1쇄 발행** 2018년 3월 3일

**지은이** 임병학
**발행인** 한대기
**편집** 한광진, 한대기
**디자인** 이정현

**발행처** 골든북스
**주소** 경기도 양평군 양평읍 천변길 60번길 7
**대표전화** 050-6050-0550 | **팩스** 055-909-0550
**출판등록** 제 2016-000011호
**이메일** happydaegi@hanmail.net
**홈페이지** http://goldenbooks.co.kr

ISBN 979-11-958514-4-7(03150)
값 23,000원

# 하늘을 품은 한자,
# 주역으로 풀다

임병학 지음

골든북스

　본 개정판은 2016년에 발간한 초판에서 부족한 부분과 새롭게 연구된 내용을 확충하였다. 『하늘을 품은 한자, 주역으로 풀다』는 성인(聖人)께서 나에게 준 선물로, 한자(漢字)의 차원을 높인 것이다.

　한자(漢字)에 대한 문제의식을 가지게 된 계기는 중학교 2학년 때이다. 국어선생님께서는 '한자는 표의문자(表意文字)로 뜻을 가진 글자이기 때문에 배우고 익히면 다른 공부를 하는데 많은 도움이 된다'고 하시면서, '부수(部首) 200번 쓰기'를 여름방학 과제물로 내주셨다.

　나는 한자를 구성하는 기본 글자인 부수 214자(字)를 쓰고 외우면서 의문에 빠지게 되었다. 뜻을 나타내는 한자가 거의 대부분 사물의 모양을 본뜬 것이거나, 조금만 생각하면 알 수 있는 그림을 간략히 한 것으로 설명하고 있는 것이다. 예를 들면 1획의 부수에서 새 을(乙)은 새의 형상에서 이름만 가져 온 것으로 새와는 상관이 없는 한자에서 사용되는 것이다. 그러면 '한자를 뜻글자라고 하는데, 뜻은 무엇이고, 한자에 담긴 뜻은 무엇인가?'를 생각하지 않을 수 없었다.

　나는 학문적 인연을 얻어 『주역(周易)』을 공부하면서 한자에 대한 의문을 하나씩 풀어가게 되었다. 『주역』은 동양철학의 근원으로서 천지인(天地人) 삼재지도(三才之道)를 통해 인간 삶의 본질적 원리 내지 진리를 밝히고 있기 때문에 한자가 가진 뜻을 담고 있다.

천원지방(天圓地方)의 이치에서 하늘의 뜻을 나타내는 것은 동그라미(○)인데, 한자에는 이것이 없다. 천도(天道)를 담은 동그라미를 하늘의 입장에서는 점 주(丶)로, 땅의 입장에서는 나라 국(口=圓)으로, 사람의 입장에서는 멀 경(冂)으로 표상하고 있다.

따라서 한자가 품은 뜻을 알기 위해서는 『주역』에서 밝히고 있는 천지인(天地人)의 삼재지도(三才之道)를 통하지 않을 수 없는 것이다. 또 땅과 사람의 뜻은 하늘로부터 받은 것으로 천의(天意)가 근본이 되기 때문에 책의 제목을 『하늘을 품은 한자, 주역으로 풀다』로 하였다.

이 책은 한자의 기본이 되는 부수 214자에 대한 뜻을 찾아보고자, 『주역』의 학문적 체계를 통해 한자가 가진 상징적인 뜻을 풀어낸 것이다. 한자에 대한 나의 의문이 완전히 풀어진 것은 아니지만, 스스로 가지고 있던 의문이 조금 풀어지고, 한자에 대한 새로운 눈이 조금 열려진 느낌이다.

책에서 이야기하는 것이 한자를 이해하는 전부는 아니지만, 한자의 뜻을 이해할 수 있는 하나의 길은 제공할 수 있을 것이다. 서설에 들어간 「한자와 주역」을 통해 한자를 왜 『주역』으로 이해해야하는지 구체적으로 이야기 하였다.

필자가 이해하는 범주에서 한자의 많은 부분은 일반적으로 통용되는 부수의 의미를 통해 풀이가 가능하지만, 일상적으로 많이 사용하는 핵심적 한자와 학문적으로 중요한 한자 20% 정도는 우리가 알고 있는 일반적인 부수의 의미를 넘어서 있다. 바로 이러한 한자에 대한 뜻을 새롭게 풀이하였다.

『주역』의 27번째 「산뢰이괘(山雷頤卦, ䷚)」에서는 "말씀을 삼가며, 음식에 절도가 있어야 한다(신언어절음식, 愼言語節飮食)"라고 하여, 우리의 말은 하늘의 말씀(言)과 깨우친 사람의 말씀(語)에 근거해야하기 때문에 조심하고 조심해야 하며, 우리가 먹는 음식은 마음의 양식(良食)으로 하늘의 절도에 맞아야 함을 이야기하고 있다.

부디 『하늘을 품은 한자, 주역으로 풀다』가 사람의 근본인 하늘의 뜻을 생각하게 하고, 우리의 마음을 돌아보고, 마음을 울리는 작은 양식이 되기를 바랄 뿐이다.

이 개정판은 원광대학교 대학원에서 인연을 맺은 이광수 박사님의 격려와 도움으로 가능하게 되었다. 꼼꼼한 교정과 편집으로 나의 부족한 부분을 채워준 이 박사님과 개정판을 출판해주신 「골든북스」 한대기 대표님께 감사의 마음을 공경히 전합니다.


2018년 3월 정월대보름, 도안(道安)서실에서 정원(正圓) 임병학(林炳學) 삼가쓰다.

# 목차

# 한자(漢字)와 주역(周易)

## 한자의 기원

한자의 기원을 이야기할 때, 전설상의 인물인 창힐(蒼頡)이 새의 발자국을 보고 만들었다고 하는 사람들이 있다. 이는 『회남자(淮南子)』 등의 책에 나오지만 이야기를 좋아하는 사람들이 지어 낸 것이다. 세종대왕이 한글을 창제할 때 문살의 모양을 보고 만들었다고 이야기하는 것과 같다.

실제 한자의 기원은 역사적으로 보나 문자적 입장에서 보나 상(商)나라의 갑골문(甲骨文)으로 보는 것이 가장 정확하다고 생각한다. 갑골문 이후에 금문(金文), 전문(篆文) 등의 형태를 거치면서 한자가 완성된 것이다.

상(商)나라를 세운 탕(湯)임금이 동이(東夷)족의 후손이라는 설을 따르더라도 한자가 중국 민족만의 문자가 아님을 알 수 있다. 상나라가 동이족이 세운 나라라는 학설은 현대 중국의 저명한 갑골문 학자인 동작빈(董作賓, 1985~1963), 부사년(傅斯年, 1896~1950), 곽말약(郭沫若, 1982~1978), 서량지(徐

亮之, 1907~) 등의 공통된 견해로 논란의 여지가 없다. 한자가 동이족 문화에서 나왔다고 해서 그것이 한민족(韓民族)의 문자라 주장하는 것은 아니다. 다만 한자는 중국 것이고, 한글은 우리 것이라는 틀에 박힌 생각에서 벗어나야 한다.

우리가 사용하는 '한글'과 중국이 사용하는 '간자체', 일본이 사용하는 '히라가나'는 모두 그 근원을 한자에 두고 있다. 한자는 동북아 고대 문명의 지혜를 온전히 담고 있는 것이다.

## 『설문해자(說文解字)』의 한계

한자의 구조와 사용을 이해하는 방법을 6가지로 분류해 놓은 육서(六書)는 한대(漢代) 초기의 유흠(劉歆, BC 53?~25)에 의해서 정리되었는데, 이후에 허신(許愼, 30~124)이 이를 『설문해자(說文解字)』를 통해 구체적으로 설명함으로써 한자를 이해하는 기본이 되고 있다.

허신은 『설문해자』에 동한(東漢)시대 이전의 중국 문자학(文字學) 즉, 한자 연구 성과를 모두 모아놓았을 뿐만 아니라, 선진유학(先秦儒學 : 진 나라 이전의 유학) 경전인 『주역(周易)』·『서경(書經)』·『시경(詩經)』과 사서(四書)는 물론이고, 제자백가서(諸子百家書)를 비롯한 『설문해자』 이전의 모든 문헌들에 사용된 용례를 분석하고 있다. 때문에 『설문해자』는 지금까지 한자를 해독하는데 길잡이 역할을 하고 있다.

그러나 우리는 『설문해자』의 한자 해석법을 2가지 측면에서 비판적으로 받아들여야 한다. 첫째, 허신은 『설문해자』에서 사물의 형상을 본떠서 만들었다는 상형문자(象形文字)의 해석에 치우쳐 그 사물이 가지고 있는 상징적인 뜻을 망각하고 있다. 둘째, 선진(先秦)시대의 학문, 특히 『주역(周易)』을 근거로 하는 선진유학 체계를 형이상학적(形而上學的)으로 이해하지 못하고 있기 때문에 문자가 갖는 철학적 의미를 놓친 부분이 많다.

이는 허신(許愼)이 살았던 시대가 가지는 철학적 사유의 한계와 맥락을 같이 한다. 진(秦) 시황제(始皇帝)의 분서갱유(焚書坑儒, BC 213~BC 212) 사건과, 한초(漢楚)의 흥망(BC 209~BC 202)으로 진(秦)에서 한초(漢初)에 걸쳐 한자(漢字)의 일대 변혁이 일어나 짧은 기간 동안 학문적 단절이 있었다.

한대에는 유학을 국교로 지정하여 부흥시키고자 하는 움직임이 있었다. 그러나 사람들은 이전의 서적을 읽는데 어려움을 느꼈고, 고전을 다시 발굴하는 일에만 급급한 나머지 훈고학(訓詁學) 차원에 머물러 철학적으로 심화되지는 못하였다.

특히, 한대(漢代) 상수학(象數學)은 음양오행설(陰陽五行說)을 역술적(易術的) 관점에서 이해하여 괘기설(卦氣說)·괘변설(卦變說)·납갑설(納甲說) 등으로 발전하였는데, 이는 역학(易學)을 물리적 자연 세계의 구조나 미래를 예견하는 수단으로 받아들인 것으로, 역학의 철학적 의미를 망각하게 된 것이다.

문자의 기원과『주역』의 상관성에 대한 학설은 크게 4가지로 분류할 수 있다.

첫째는 결승(結繩)설이다. '결승'이란 여러 가지 색깔의 끈이나 새끼줄을 맺음으로써 그 색깔과 결(結)의 모양, 수효 또는 상호간의 거리 등을 이용하여 일정한 사상(事象)이나 개념(槪念)을 표시하는 것이다.

결승은 동서양을 막론하고 고대에 널리 행해진 기억(記憶)을 돕는 방법으로 사용한 것으로, 동양에서는『주역』「계사하편」제2장에서 이야기한 '상고(上古) 시대에 결승(結繩)으로써 왕이 정치를 다스렸다'는 기록에 근거하고 있다.

둘째는 하도낙서(河圖洛書)설이다. 고대 중국에서 수(數)의 원리를 담고 있는 하도(河圖)와 낙서(洛書)는 수를 셈하는 결주(結珠)의 방법으로 이용되었기 때문에 문자의 기원으로 이야기하고 있다.

『주역』「계사상편」제11장에서 하도는 복희씨 때에 황하에서 나온 그림이고, 낙서는 우임금 때에 낙수에서 거북의 등에 그려진 그림이라고 이야기하고 있다. 하도낙서는 일(一)부터 십(十)까지의 수를 통해『주역』의 이치를 표상하는 것으로, 사람들의 원초적인 의식이 담겨 있다.

셋째는 팔괘(八卦)설이다. 한자의 연원을 설명할 때 빠지지 않는 것이『주역』의 팔괘(八卦)이다.『주역』「계사하편」제2장에서 '옛날에 복희씨가 비로소 역(易)의 팔괘(八卦)를 그었다.'라고 하여, 복희씨가 그은 팔괘(八卦)가 문자의 연원이라는 것이다.

팔괘(八卦)는 양효(陽爻)와 음효(陰爻)가 3개씩 모인 것으로 하늘을 상징하는 건괘(乾卦), 땅을 상징하는 곤괘(坤卦), 우레를 상징하는 진괘(震卦), 바람을 상징하는 손괘(巽卦), 물을 상징하는 감괘(坎卦), 불을 상징하는 이괘(離卦), 산을 상징하는 간괘(艮卦), 연못을 상징하는 태괘(兌卦)로 문자를 사용하기 이전에 의사를 전달하는 수단으로 사용하였다는 것이다.

넷째는 서계(書契)설이다. '서계'는 나무 막대에다 일정한 눈금을 새겨 어떠한 수를 표시하거나, 약정한 사실을 확인하는 구실을 하는 것이다. 서계는 계각(契刻)문자라고도 하는데, 기억을 돕기 위한 표식방법으로서 비교적 발전된 것에 속한다.

문자의 대용 수단으로 사용된 표식 방법은 고대인들이 널리 사용한 것으로,『주역』「계사하편」제2장에서는 '후세의 성인이 역(易)을 쓰는데 서계(書契)로써 하였다.'라고 하여, 우리는 이를 통해 서계가 고대 복희씨 시대에 만들어진 것으로 결승(結繩)에 뒤이어 생겨난 방법임을 알 수 있다.

이상에서 보았듯이 동북아의 문자 기원설에는『주역』의 학문적 체계와 내용이 온전히 반영되고 있다. 따라서『주역』의 이치를 통해 한자를 분석하면 한자를 바르게 이해할 수 있다.

그럼 한자를 『주역』의 학문적 체계와 내용을 통해 풀어야 하는 까닭을 더 자세히 알아보자.

첫째, 동북아 한자 문화권의 사상적(思想的) 근원이 『주역』에 있기 때문이다. 『주역』은 하늘과 땅이라는 전통적 사유구조로부터 출발하여, 우주 운행의 원리와 인간 삶의 깊은 이치를 담고 있기 때문에 수천 년 동안 문화 발전 과정 속에서 동북아 사람들의 사고방식과 생활 속에 깊이 스며들어 있다.

'하늘은 둥글고 땅은 네모지다'라는 천원지방(天圓地方)은 한자를 이해하는 기본적인 사유체계인데, 이것은 『주역』의 이치를 통해 하늘의 이치는 원(圓) 으로 상징하고, 땅의 이치는 방(方)으로 상징한 것이다. 나아가 원(圓)·방 (方)·각(角)이라는 동양의 사상도 천(天)·지(地)·인(人) 삼재(三才)를 중심으로 하는 『주역』의 사유체계에 근거하고 있다. 이러한 이유 때문에 한자에 대한 철학적 이해는 『주역』에 기초해야만 완벽해질 수 있다.

둘째, 『주역』이 천도(天道) 내지 인간 삶의 근본적인 이치를 밝히고 있기 때문에 뜻을 담고 있는 한자의 본질적 의미를 밝힐 수 있다.

많은 사람들이 한자를 '뜻 글자'라고 하면서도 상형문자로 풀이하고 있는 것이 현실이다. 여기서 뜻은 '사람의 뜻'을 넘어서 '하늘의 뜻(본질)'이라는 근본적인 의미를 가지고 있다. 그래서 우리는 한자가 가지고 있는 참뜻을 『주역』의 학문적 체계를 통해 이해할 수 있다.

왜냐하면『주역』은 처음부터 그 관심을 천지(天地)와 일월(日月)의 변화인 천도(天道)에 집중시켜 '하늘의 뜻'을 밝히려 하였으며, 그것을 괘(卦)와 수(數)를 통해 드러내고 있기 때문이다. 아주 오래 전 동북아 지역 상고인(上古人)들은 농경생활에 지대한 영향을 주는 우주자연의 변화원리인 천도(天道)를 깨달았고, 이에 부합하는 인간생활의 길을 찾고자 하였던 것이다.

이처럼 한자 속에는 하늘의 뜻이 담겨 있기 때문에 한자를 공부하면 사고력을 기를 수 있다. 쉽게 말해『주역』은 '나는 누구인가?', '사람은 어떠한 존재인가?'라는 철학적·원초적 물음에 대한 답을 밝히고 있으며, 한자를 통해 그것을 이야기하고 있기 때문에 누구든지『주역』을 통해 한자를 올바로 공부한다면 생각이 깊어질 수 있다는 것이다.


셋째, 역사적으로『주역』은 한자의 문자적 의미를 논하고 있는『설문해자(說文解字)』와『옥편(玉篇)』의 근원이기 때문이다.

『주역』의 괘(卦)를 그은 것은 복희씨(伏羲氏)부터라고 하지만, 문자로 기록된 것은 괘에 말씀을 붙인 문왕(文王)에서 시작된 것으로 최소한 BC 1200년경의 일이다. 주공(周公)은 64괘를 구성하는 384효에 말씀을 붙였는데, 그는 문왕의 아들이니 거의 같은 시기라고 할 수 있다. 또한 십익(十翼)을 지어서『주역』을 완성한 공자(孔子)는 BC 551년부터 BC 479년까지 생존한 인물이다.

그런데『설문해자』는 AD 100년경 허신이 완성한 것이고,『옥편』은 육조시대 양(梁)나라 고야왕(顧野王)이 AD 543년에 저작한 것을 시작으로 증보되었기 때문에 이 책들이『주역』에 사용된 한자에 연원을 두고 탄생한 것은 당연하다고 하겠다. 나아가『한한대자전(漢韓大字典)』에 나온 한자의 뜻을 풀이하면서 그 용례를 살펴보더라도『주역』을 비롯한 삼경(三經)과 사서(四書) 등에 사용된 것을 바탕으로 하고 있음을 알 수 있다.

넷째, 문자학에서 한자의 기원을『주역』의 팔괘(八卦)와 하도낙서(河圖洛書) 에 두고 있기 때문이다.

앞에서 이야기한 바와 같이 문자학의 기원을 이야기하면서 논의된 결승 설, 하도낙서설, 팔괘설, 서계설은 모두『주역』의 내용에 근거한 것이고, 특 히 하도낙서설과 팔괘설은『주역』의 학문적 표상체계와 직접적으로 연계되 는 것이다.

언어와 문자가 발달하기 이전의 고대 사회에서는 우주의 기본 원리를 그 림이나 상징적 표현으로 단순화시켜 이해하려고 하였다. 이와 같은 종교·신 화 및 그 밖의 관념 체계상 어떤 특정한 의의를 지닌 도상(圖像)은 형이상(形 而上)의 원리를 담고 있기 때문에『주역』의 관점에서 새롭게 이해하려는 노 력이 요구된다.

## 『주역』을 해석하는 3가지 방법과 한자의 뜻

『주역』의 학문적 의의는 형이상(形而上)의 원리에 있으며, 대상세계(對象世 界)의 원리 또한 형이상의 원리와 다르지 않다. 최근 개별과학 분야에서 연 구자들이『주역』을 다양하게 연구하고 있는데, 근본(형이상의 원리)을 외면하고 대상적 사물의 법칙을 밝히는 선에서만 『주역』을 이해한다면 오히려 사람들에게 혼란만 불러일으킬 것이다.


흔히들 과학(科學)과 철학(哲學), 종교(宗敎)를 서로 분리해서 이해하지만, 『주역』은 이것을 통합된 하나의 관점에서 이해하고 있다. 과학, 철학, 종교가 모두 인간의 행위임을 근거로 하고 있다. 과학은 '나'와 대상세계에 대한 문제이며, 철학은 '나'의 몸과 마음(身과 心)의 문제이며, 종교는 '나'와 존재(뜻)의 문제인 것이다. 여기서 과학은 다시 '나'와 물리적 세계에 대한 학문인 자연과학과 '나'와 다른 사람들의 관계에 대한 학문인 사회과학으로 나뉜다. 이렇듯 인간의 학문에서 '나'는 절대로 제외될 수 없는 것이다.

이러한 '나'를 중심으로 한 『주역』의 통합적 관점을 『대학(大學)』 팔조목(八條目)에서 말한 개념에 따라 설명해 보면, 먼저 나와 존재의 문제는 격물치지(格物致知)로 집약되고, 나의 몸과 마음은 성의정심수신(誠意正心修身)이며, 나와 대상세계는 제가치국평천하(齊家治國平天下)라 할 수 있다. 대상세계에서 제가(齊家)와 치국(治國)이 인간관계가 중심이라면, 평천하(平天下)는 물리적 세계에까지 미치는 개념이다.

따라서 『주역』을 연구하고 해석할 때에는 무엇보다 그 관계성을 올바로 파악해야 한다. 『주역』의 경문을 과학적 차원(자연과학·사회과학)에서 해석하는 방식과 철학적·종교적 차원에서 해석하는 방식은 분명히 달라야 한다.


예를 들어 64괘 가운데 31번째 「택산함괘(澤山咸卦)」의 '남하녀(男下女)'를 과학·철학·종교의 차원에서 각각 해석하면,

① 현상적(과학적) 입장에서 남자가 여자의 아래에 있는 것으로, 남자가 여자에게 구혼하는 행위로 이해할 수 있다. 남녀가 교제를 할 때 남자가 여자에게 데이트도 신청하고 결혼할 때 청혼서도 보내는 것을 떠올리면 된다. 또 생물학적(生物學的) 입장에서 여성이 남성의 위에 있는 모습이라 할 수도 있다.

② 철학적 입장에서 남자는 성인(聖人)을, 여자는 군자(君子)를 상징하기 때문에 성인이 군자의 심성(心性) 내면에 내려와 감응(感應)되는 것을 상징한다. 또 남자는 군자(君子)를, 여자는 백성(百姓)을 상징하기 때문에 지도자인 군자가 백성들 속에 들어가 그들의 아픔과 고통을 함께 나누고 살아가야 할 방향을 제시하는 군자정치의 모습을 보여주고 있는 것이다.

③ 종교적 입장에서 남자는 하느님의 세계이고 여자는 인간의 세계이다. 하느님이 인간의 세계에 내려와 기다리고 있는 것이다. 인간이 역도(易道)의 문을 열려고 애쓰고 있지만 열릴 때가 되어야 열리는 것이다. 하늘이 문을 열어주어야(하느님이 인간세계에 내려와야) 역도를 자각할 수 있는 것이다.

위의 세 가지 차원은 모두 하나의 이야기를 하고 있음을 알 수 있다. 인간의 일이 과학과 철학 그리고 종교의 행위로 드러나기 때문이다. 구체적으로는 종교적 진리(宗敎性)를 바탕으로 인간 삶의 길을 밝히는 철학과 대상세계를 다스리는 과학이 하나로 만나는 모습이다.

이 책을 통해 이러한 『주역』의 해석 방법을 근거로 한자(漢字)를 제대로 이해하는 방법을 제시하려 한다.

육서(六書)로 분석하는 한자에서 상형문자(象形文字)나 지사(指事)문자는 대상세계에 보이는 것을 있는 그대로 이해한 것이고, 회의(會意)문자나 형성(形聲)문자는 한자의 뜻과 소리가 결합한 것으로, 모두 과학적 입장에서 한자를 분석한 것이다.

이에 '뜻'을 가지고 있는 한자의 올바른 이해를 돕기 위해 이 책에서는 『주역』의 철학적·종교적 입장에서 분석하여 널리 알리고자 한다.

## 『주역』의 학문체계와 한자 풀이

『주역』은 2가지 학문체계를 가지고 있다. 하나는 수(數)의 이치를 통한 방법인 하도(河圖)와 낙서(洛書)이고, 다른 하나는 괘(卦)를 통한 방법으로 삼효단괘(三爻單卦)인 팔괘(八卦)와 육효중괘(六爻重卦)인 64괘이다.

이에 『주역』의 학문 체계인 수(數)와 괘(卦)를 통해 '뜻을 담고 있는 한자'의 의미를 밝히고자 한다. 이는 곧 일(一)·이(二)·삼(三)·사(四)·오(五)·육(六)·칠(七)·팔(八)·구(九)·십(十)까지 수의 이치를 통해 해석하거나, 팔괘인 건(乾 ☰)·곤(坤 ☷)·진(震 ☳)·손(巽 ☴)·감(坎 ☵)·이(離 ☲)·간(艮 ☶)·태(兌 ☱)의 상징 뜻과 64괘의 의미를 통해 한자의 자의(字意)를 분석하는 방법이다.

먼저 수(數)의 이치를 통해 한자를 해석하는 방법은 바로 동양철학의 근본 개념인 '음양(陰陽)'·'사상(四象)'·'오행(五行)'의 원리를 통해 해석하는 방법이다. 볕 양(陽)은 언덕 부(阝)와 일(日) 그리고 일(一)과 물(勿)로 양(易)의 가운데 홀수 일(一)이 들어 있고, 그늘 음(陰)은 부(阝)와 이제 금(今) 그리고 이(二)와 사(厶)로 짝수 이(二)가 들어 있어서 음양의 이치와 수의 관계를 이해할 수 있다. 아래 그림이 바로 수를 통해 진리를 표상하는 하도(河圖)와 낙서(洛書)이다.

좀 더 구체적으로 수(數)를 통해 해석하는 방법의 예를 들면, 일상적으로 사용하는 '화갑(華甲)'에서 빛날 화(華)는 육십일(六十一)을 의미하고, 갑(甲)은 구(口)와 십(十)을 뜻한다. 쌀 미(米)는 팔십팔(八十八)이고, 토(土)는 십(十)과 일(一)이다.

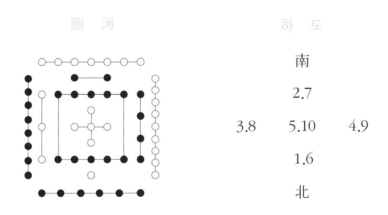

圖 河　　　　하 도

南

2.7

3.8　　5.10　　4.9

1.6

北

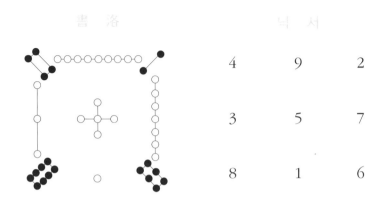

|   |   |   |
|---|---|---|
| 4 | 9 | 2 |
| 3 | 5 | 7 |
| 8 | 1 | 6 |

　또　　　정(正)은 일(一)과　　　지(止)로 하나(님)가 그쳐있는 것이 곧 바른 것이라는 뜻이며,　　지(志)는 십(十)과 일(一)과 심(心)으로 십(十)에서 일(一)까지의 마음이다.　　　　　유(由)는 십(十)과 구(口)로 말미암는 것은 바로 마음속의 십(十, 완전자)에 근거한다는 뜻이고,　　행(幸)은 일(一)과 립(立)과 십(十)으로 일(一, 地)과 십(十, 天) 사이에 서 있는 것이 행복이라는 뜻이다.

　다음으로 괘(卦)를 통해 한자를 해석하는 대표적인 방법은 천지인(天地人) 삼재지도(三才之道)의 원리를 통해 해석하는 방법이다. 사람을 나타내는 인(人)이 하늘의 입장에서는 인(亠)으로, 사람의 입장에서는 인(亻)으로, 땅의 입장에서는 인(儿)으로 각각 쓰이고 있음을 알 수 있다. 동일한 뜻을 가진 한자의 많은 부분이 괘효(卦爻)의 천지인(天地人) 삼재지도(三才之道)로 분석된다.

또 한자의 뜻을 이해하기 위해서 팔괘(八卦)의 상징적인 뜻을 간략하게 살펴보겠다. 『주역』의 「설괘」 제7장에서는 팔괘를 사람이 가지고 있는 성정(性情)에 비유하고, 제8장에서는 팔괘를 동물에 비유하고, 제9장에서는 팔괘를 사람의 신체 부위에 비유하고, 제10장에서는 팔괘를 가족을 구성하는 것에 비유하고, 제11장에서는 팔괘가 가지는 상징적 비유를 종합하여 팔괘를 자세하게 설명하고 있다. 이것을 정리하면 다음 표와 같다.

간단히 예를 들면, 감괘(坎卦 ☵)는 하늘의 중정지기(中精之氣)로 수(水)이자 시(豕)로 상징된다. 따라서 시(豕)가 들어간 가(家)는 돼지가 살아가는 집이 아니라 하늘의 인격적 사랑이 온전히 나타난 곳이 집이라는 의미로 해석된다.

| 삼효단괘 | 도(道) | 자연 | 상상성격 | 신체 | 동물 | 가족 |
|---|---|---|---|---|---|---|
| ☰ (乾) | 天道 | 天 | 剛·健 | 首 | 馬 | 父 |
| ☷ (坤) | 地道 | 地 | 柔·順 | 腹 | 牛 | 母 |
| ☳ (震) | 聖人之道 | 雷 | 動 | 足 | 龍 | 長男 |
| ☴ (巽) | 神道 | 風 | 入 | 股 | 鷄 | 長女 |
| ☵ (坎) | 天의 中精之氣 | 月 | 陷 | 耳 | 豕 | 中男 |
| ☲ (離) | 地의 中精之氣 | 日 | 麗 | 目 | 雉 | 中女 |
| ☶ (艮) | 君子之道 | 山 | 止 | 手 | 狗 | 少男 |
| ☱ (兌) | 百姓 | 澤 | 說 | 口 | 羊 | 少女 |

또 태괘(兌卦 ☱)는 백성(百姓)인데 양(羊)으로 상징된다. 이에 따라 미(美)는 양(羊)과 대(大)로 천도(天道)를 의미하는 대(大)가 백성들의 마음속에 있는 것이 아름다움이라는 뜻이고, 선(善)은 양(羊)과 팔(丷) 그리고 일(一)과 구(口)로 백성들이 팔괘(八卦)를 통해 하나로 귀결되는 것이 착함을 뜻한다고 하겠다.

본문의 구성은 아래와 같은 순서로 하였다.

1. 한자를 구성하는 부수 214자를 기본으로 하였다.
2. 민중서림 편집국의 『한한대자전(漢韓大字典)』에서 밝힌 부수의 의미와
   관련된 한자를 정리하였다.
3. 『주역』의 학문적 체계와 내용을 통해 부수의 의미와 한자를 분석하였다.
4. 『주역』의 원문에 나오는 부수(한자)에 대하여 간략히 해석하였다.
5. 『주역』의 입장에서 한자와 관련된 철학적 주제를 이야기하였다.
6. '한자 안의 한자 읽기'는 한자에 대한 해석 지평을 넓히기 위한 것이다.

일(一)은 가로의 한 획으로 너무 쉽다. 수(數)의 '하나'를 뜻하고, 수의 처음으로 '처음' 또는 '근본'을 뜻한다. 또 '서로 한 가지'라는 의미로 '같다'라는 뜻을 갖기도 하고, '둘로 나뉘지 않고 전체로서 하나'라는 의미를 가지고 있다.

우리는 일(一) 하면 '하나'라는 숫자를 생각하기도 하고, 어떤 물건 1개를 생각하지만, '하나'라는 뜻에 '님'을 붙이면 '하나님'이라는 인격적(人格的) 존재가 된다. 일(一)은 물건을 헤아리는 1개라는 뜻으로서가 아닌, '모든 것을 포괄하는 하나'라는 뜻으로서 부수의 첫 머리에 있는 것이다.

만물의 입장에서 십(十)과 일(一)은 식물의 열매와 씨로 비유되는데, 열매가 그대로 십(十)이라면, 일(一)은 씨에 해당된다. 씨와 열매는 입장만 다른 것으로 가을에 농부가 수확하여 내년을 위해 남겨두는 것은 씨가 되고, 자신이 먹거나 시장에 내다 파는 것은 열매인 것이다.

일(一)이 들어가는 한자를 해석해보자.

천(天)은 일(一)과 대(大)로 대(大) 자체가 하늘이지만 일(一)이 들어가 작용하는 하늘이라는 뜻으로 해석할 수 있다. 말(末)은 목(木)과 일(一)로 나눌 수 있으며, 나무 끝에 일(一)이 걸려 있는 것으로서 끝을 의미하고, 단(旦)은 일(日)과 일(一)로 이루어진 글자로서, 햇님이 땅 위로 솟아오르는 것을 상징한다. 정(正)을 일(一)과 지(止)로 나누어 해석하면 하나에서 그쳐 있는 것, 즉 하나님이 그쳐 있는 상태가 곧 바른 것이다.

하(下)와 상(上)은 일(一)과 복(卜)으로 각각 나누어 보면, 기준이 되는 땅의 아래와 위에서 하늘의 뜻이 펼쳐진다는 의미를 담고 있으며, 차(且)는 월(月)과 일(一)로서, 땅 위에 해님이 가고 달님이 또 떠오르는 것을 뜻한다. 구(丘)는 근(斤)과 일(一)로, 땅 위에 무엇인가 쌓여 있는 모양으로서 언덕이라 불리는 것이다.

한자 안의 **한자**읽기

- 하늘 천(天) = 一 + 大 : 위대한 하나
- 끝 말(末) = 一 + 木 : 나무의 끝
- 바를 정(正) = 一 + 止 : 하나님이 멈추다.
- 또 차(且) = 一 + 月 : 달이 또 가다

뚫을 곤

뚫을 곤(丨)은 일(一)을 세운 세로의 한 획이다. 관통한다는 의미에서 '뚫는다'라고 하여 송곳이 연상되나 일(一)이 똑바로 선 것이라 이해된다.

곤(丨)은 위에서 아래로 곧바로 내려오는 빛을 상징하는 것으로 '하늘의 뜻이 땅에 내려오다' '일관하다'는 의미이다.

곤(丨)이 들어간 한자로 가운데 중(中)은 구(口)와 곤(丨)으로, 땅을 상징하는 네모(方, 인간의 마음)에 하늘의 뜻이 내려온 것이다.

낱 개(个)는 인(人)과 곤(丨)으로, 흔히들 대나무 줄기나 숫자로 해석하는데, 사람이 하늘의 뜻을 헤아린다는 의미이다. 어여쁠 봉(丰)은 삼(三)과 곤(丨)으로, 천지인(天地人) 삼재지도(三才之道)를 일관(一貫)하는 상태가 곧 예쁜(좋은, 정상적인) 상태라는 것이다.

한자 안의 **한자**읽기

- 가운데 중(中) = 口 + 丨 : 마음을 꿰뚫다.
- 낱 개(个) = 人 + 丨 : 한 사람
- 어여쁠 봉(丰) = 三 + 丨 : 천지인(天地人)을 알다.

점 주(ヽ)는 불타고 있어 움직이지 않는 불꽃을 형상화(形象化)한 것이라고들 한다. 하지만 본 뜻은 주인 주(主)의 주(ヽ)로 하나님이다.

주(ヽ)는 함께 한 점(ヽ)으로 시작과 끝이 없는 영원한 세계의 근원이며 원[…]이고 영원화된 것이다. 기독교에서 하나님을 믿을 때 사용하는 주(ヽ)님은 바로 한 점(ヽ)의 의미여든 것이다.

이 한 점(ヽ)이 옆으로 구른 것이 일(一)이고, 아래로 구른 것이 좋은 곤(丨)이다. 따라서 주(ヽ)의 하나님이 땅에 펼쳐지는 세계에서는 일(一)이 되고, 하나님이 직접 작용하는 것은 곤(丨)이 되는 것이다.

『주역』의 진시[…](卦辭) 삼재사도(三才四圖)의 입장에서 보면, 점 주(ヽ)는 그대로 하늘(天)이고, 곤(丨)은 인도(人道)이고, 일(一)은 지도(地道)가 되는 것이다.

이것은 한글 모음(ヽ 丨 一)의 구성 원리가 된다. 예를 들면, '아'는 인간(丨)에 하늘(ヽ)이 결합된 것이고, '우'는 땅(一)에 하늘(ヽ)이 결합된 것이라 하겠다.

인터넷에서 '훈민정음 해례본'으로 신문기사를 검색해 보면, 해례본의 내용을 설명한 기사보다는 '해례본 목판복원', '훈민정음 해례본 국보1호 지정 논의', '훈민정음 해례본의 재산적 가치'에 관한 기사들이 압도적으로 많다. 해례본의 가치는 눈앞의 종잇조각에 있는 것이 아니라 한글을 창제한 원리를 밝힌 내용에 있음에도 말이다.

해례본을 보면 한글은 철저하게 『주역』의 사유구조인 천원지방(天圓地方)의 이치와 천지인(天地人) 삼재지도(三才之道)·음양(陰陽)·오행(五行)의 원리에 근거하고 있음을 알 수 있다. 한글과 『주역』의 이해는 이정호 교수의 「훈민정음의 역학적 이해」에 잘 설명하고 있느니 관심 있는 독자들께서는 참고하시길 바란다.


주(丶)가 하늘을 뜻하기 때문에 한자에서 차지하는 역할은 절대적이다. 주요한 한자에는 거의 다 들어가 있다고 해도 지나친 말이 아닐 것이다. 부수에서 주(丶)가 들어간 한자를 보면, 돼지 머리 두(亠), 집 면(宀), 굴 바위 엄(广), 검을 현(玄), 흰 백(白), 스스로 자(自), 배 주(舟), 피 혈(血), 몸 신(身), 언덕 부(阜) 등이 있다.

별(丿)은 위에서 아래로 구부려 내려오는 것으로, 독립된 문자로 쓰이는 예는 없으며 붓을 왼쪽으로 삐치는 것을 말하고 있다.

별(丿)은 아이들이 미끄럼틀을 타고 내려오듯이 비스듬하게 내려오는 글자다. 곤(丨)이 하나님의 곧은 작용 그 자체라면, 별(丿)은 하늘의 작용이 인간에 의해 드러나게 된다는 의미를 가지고 있다.

별(丿)은 인간의 행위이며, '다스리다(治)'라는 뜻이 있음을 사용례에서 알 수 있다. 대표적인 한자가 다스릴 예(乂)이다. 예(乂)는 '베다'라는 예(乂)의 뜻도 가지고 있지만, 본디 '다스리다'라는 뜻이다. 이러한 별(丿)의 의미를 통해서 예(乂)를 보충해석하면 '지도자가 큰 칼의 위엄을 가지고 다스린다'는 의미로 해석할 수 있다.

별(丿)이 들어간 한자를 살펴보자.

이에 내(乃)는 '그래서'·'그리하여' 라는 뜻이다. 이는 이미 어떤 일에 대한 선제적 접근(다스림)이 이루어진 이후를 말하고 있다. 갈 지(之)는 점 주(丶)와 삐침 별(丿)로 이루어진 글자인데, '가다'의 동사·대명사·어조사 등으로 다양하게 사용되지만, 하늘의 뜻이 인간을 통해 실천된다는 의미를 가지고 있으며, 탈 승(乘)은 목(木)과 비(匕) 2개 그리고 별(丿)로 나눌 수 있는데, 두 사람이 나무로 만든 수레를 타는 것이다. 마지막으로 오를 승(卅)은 뺄셈 별(丿)과 민식물 입(卅)으로서, 이십(二十)을 다스리고 올라간다는 의미로 해석할 수 있다.

- 다스릴 예(乂) = 丿 + 丿 : 좌우로 다스리다.
- 벨 예(刈) = 丿 + 刂 : 도끼로 다스리다.
- 이에 내(乃) = 丿 + 勹 : 이에 다스림을 감싸다.
- 탈 승(乘) = 丿 + 木 + 人 : 사람이 신도를 다스리다.

새 을

　을(乙)은 흔히들 새를 상징하는 오리나 거위 같은 것을 상형문자로 표시한 것이라 설명하고, 지(之)의 자형을 본떠 만든 것으로서 사물이 원활하게 나아가지 못하는 상태를 나타낸다고 한다.

　그러나 을(乙)은 해석 방법에 따라서 그 해석이 달라져 그 자체 문제가 되기도 하며, 이제 막 싹이 나와 굽어져 올라오는 모습을 상징하는 글자라고도 한다. 대표적인 글자가 어려울 둔(屯)인데, 이 글자는 싹(乙)이 땅을 상징하는 일(一)을 뚫고 나오는 모습을 표현한 것이다.

　『주역』에서는 64괘 가운데 중천건괘(重天乾卦)와 중지곤괘(重地坤卦) 다음의 세 번째 괘로 만물의 시생(始生)을 상징하는 「수뢰둔괘(水雷屯卦)」의 괘 이름이다.

　을(乙)이 들어간 글자를 살펴보자.

　우선 을(乙) 그 자체는 천간(天干)의 두 번째로, 씨앗을 감싸고 있는 갑(甲)에서 이제 막 싹이 터져 나오는 것을 상징한다. 빌 걸(乞)은 인(人)과 을(乙)

로 나눌 수 있으며, 사람에게 구원을 요청하는 것을 뜻한다. 이에서 야(也)는 을(乙)과 십(十)으로 나뉘며, 마침을 나타내는 말을 돕는 조사의 역할을 가장 많이 하는데, 일이(一二)인 갑을(甲乙)에서 열번째 계(癸)까지의 마침을 나타낸다고 풀이할 수 있다.

젖 유(乳)는 손톱 조(爪)와 자식 자(子) 그리고 을(乙)로 젖은 갓난아기들이 먹는 것이며, 만물이 시작·탄생하는 성장(成長)의 의미를 가지고 있기 때문에 을(乙)이 들어간 것이다. 같은 원리로 만물은 하늘에서 시작하기 때문에 하늘 건(乾) 오른쪽 아래에 을(乙)이 있는 것이다. 어지러울 난(亂)은 손톱 조(爪)와 자식으로 사(厶) 그리고 짐승 마리수 유(内)와 사사로울 사(厶) 그리고 을(乙)로 나눌 수 있는데, 만물이 태어날 때는 어려움이 있다는 것이다.


『주역』에서 을(乙)은 「지천태괘(地天泰卦)」와 「뇌택귀매괘(雷澤歸妹卦)」에서 "제을(帝乙)이 누이를 시집보낸다(제을귀매 帝乙歸妹)"라고 하여, 간지(干支)가 이름에 들어가 있는 상(商)나라 임금 제을(帝乙)을 가리키고 있다.


한자읽기

어지러울 난(亂) = 𠂉 + 乙 : 사람이 몸부림치다.
어조사 야(也) = 乙 + 十 : 십으로 마치다.
젖 유(乳) = 爪 + 子 + 乙 : 자식을 살리다.
하늘 건(乾) = 十 + 日 + 𠂉 + 乙 : 하늘이 드러나다.

갈고리 궐

궐(亅)도 갈고리의 모양을 보고 본뜬 글자로서 생김새를 보고 이름을 지은 것이지만, 우리는 갈고리의 직접적인 뜻을 『주역』을 바탕으로 철학적으로 생각해야 한다.

사람들은 대부분 궐(亅)이 부수인 사(事)를 '사건'이나 '일'이란 뜻으로 알고 있다. 하지만 자세히 풀어보면 사(事)는 일(一)과 구(口), 계(크), 궐(亅)로 분석되어 한 사람이 손으로 갈고리질하는 것으로 볼 수도 있다.

『주역예전』은 『민위여 있어야 놓여야』것은 식위여, 『가거거 록─』리위여라고 하고, 『따지 예전』는 『사위여』 『더 남어 있다』 동시에 식위여 있는 것이오 『서 더(경위)』이어 하여, 사(事)가 단순한 일을 뜻하는 게 아니며 동식(경위)으로 드러나는 『하늘의 뜻을 갈고리질하는 것으로 설명하고 있다. 따라서 궐(亅)은 하늘의 사용을 대표하는 것으로 주론할 수 있다.

궐(亅)이 들어간 한자를 보면 이 사실을 분명하게 확인할 수 있다.

료(了)는 일(一)과 궐(亅)로 나눌 수 있는데, 하나(하늘, 하느님)의 일을 마친다는 뜻을 그대로 담고 있으며, 여(予)도 사(厶)와 일(一) 그리고 궐(亅)로 '나'라는 사람은 잉태된 나(厶)가 마침내 드러나는 것이다.

정(丁)은 일(一)과 궐(亅)로, 땅에서 하늘의 작용이 본격적으로 이루어지고 있음을 뜻하는데, 정(丁)이 들어간 한자를 보면 이 사실을 분명히 확인할 수 있다. 정(訂)은 언(言)과 정(丁)으로 나뉘는데, 말이 올바르게 작용하는 것이고, 가(可)는 구(口)와 정(丁)으로, 땅에서 이루어지는 하늘의 작용은 옳고 합당(合當)하다는 것을 뜻한다. 하(何)는 인(亻)과 가(可)로, 사람이 합당하게 행동하는 것은 어찌하지 못한다는 것을 뜻한다.

한자읽기

= 一 + 口 + 크 + 亅 : 사람이 하늘의 일을 하다.
= 一 + 亅 : 하나를 마치다.
= 厶 + 一 + 亅 : 하나로 드러난 나
= 丁 + 口 : 하늘 속에 내가 있다.
= 亻 + 可 : 어찌 사람이 옳지 않겠는가?

二

이(二)는 두 개의 가로 획으로 '둘'의 뜻을 나타내고 있다. 두 획은 하늘과 땅을 상징한다. 일(一)이 하늘의 작용인 태극(太極)이라면, 이(二)는 태극이 작용하는 음양(陰陽)이다. 둘은 하나가 아니라 짝이 있는 것인데, 음양(陰陽)의 형태로 서로 존재하는 것이다.

원(元)은 이(二)와 인(儿)으로, 사람이 하늘과 땅의 뜻을 자각·실천하는 것이 으뜸이라는 의미이고, 또 천지인(天地人) 삼재를 모두 담고 있는 것이 으뜸이라는 뜻으로도 풀이할 수 있다.

아(亞)는 이(二)와 십(十)으로, 한 번 더 하늘과 땅을 연결한다는 의미이다. 항(恒)은 심(忄)과 이(二) 그리고 일(日)로 구성되어, 하늘과 땅 사이의 사람 마음 속에는 빛(진리)이 항상(恒常)해야 한다는 뜻이다.

우(于)는 '가다'·'행하다'는 뜻인데, 이(二)와 궐(亅)로 이루어진 글자로서 음양(陰陽)이 만나 화합함을 뜻하고, 재(再)는 이(二)와 십(十)과 경(冂)으로, 하늘이 음양으로 거듭하는 것을 뜻한다.

　그런데 이(二)는 있는 그대로 바르게 사용해야지 세우거나 비스듬하게 눕히면 안 된다. 이(二)는 음양(陰陽)의 원리를 나타내는 아름다운 모습이지만, 세로로 세우면 부정(不正)의 뜻을 담게 된다. 예컨대, 불(弗)은 궁(弓)과 이(川)의 조합인데, '절대로 아니다'라는 뜻이고, 비(非)는 삼(三)과 이(川)로, 이(川)가 천지인 삼재지도(三才之道)를 갈라놓고 있다. 마지막으로 물(勿)은 포(勹)와 이(川)로 이루어진 글자인데, '~하지 마라'는 금지어로 사용되고 있다.

한자읽기

- ＝ 二 + 儿 : 천지인 삼재의 으뜸
- ＝ 二 + 十 : 하늘에 이어서 다음이다.
- ＝ 忄 + 二 + 日 : 마음이 한결같다.
- ＝ 二 + 十 + 冂 : 거듭하다.
- ＝ 弓 + 川 ＝ 절대로 아니다.
- ＝ 三 + 川 ＝ 천지인 삼재를 가르다.

머리 두(亠)는 제사 머리 두라고 하는데, 고사(告祀)를 지내는 상에 돼지의 머리를 올려놓은 것을 상상하면 이해하기 쉽다.

고사는 어떤 일을 시작할 때나 중요한 일이 있을 때 천지신명(天地神明)에게 알리는 제사(祭祀)로서, 땅의 신(神)과 사람이 소통하는 의미를 담고 있다. 이러한 행사에 돼지 머리를 사용하는 것은 『주역』에서 돼지(豕)가 하늘의 뜻을 대행하는 감괘(坎卦)를 상징하기 때문으로 생각된다.

인간의 인체를 중심으로 두(亠)를 해석하면, 머리 두(亠)라고 이름 한 것은 사람의 머리가 하늘에 해당되고, 머리의 작용을 몸이 실행한다는 의미라 하겠다.

두(亠)가 들어간 부수는 방(方), 문(文), 립(立), 신(辛), 의(衣), 고(高), 제(齊) 등이 있다.

두(亠)가 들어간 한자를 살펴보자.

경(京, 크다)은 두(亠)와 구(口) 그리고 소(小)로서, 하늘의 작용이 사람에 의해서 작게 펼쳐진다는 뜻인데, 그것이 궁극적으로는 크다는 의미이다. 망(亡)은 두(亠)와 일(一)로 나뉘는데, 하늘의 작용이 계속되어야 함에도 하나에서 멈춰져 있기 때문에 '없다'·'망하다'로 풀이한다.

또 역(亦)은 두(亠)와 화(火)로 하늘의 작용이 불로 타오르는 것이고, 형(亨)은 하늘의 작용(머리 두, 亠)을 사람(입 구, 口)이 마치는(마칠 료, 了) 것이니 형통한 것이다.

한자읽기

- 경 = 亠 + 口 + 小 : 하늘 아래에 사람이 산다.
- 망 = 亠 + 一 : 하나가 막혀있다.
- 역 = 亠 + 火 : 하늘 아래에서 또 작용한다.
- 형 = 亠 + 口 + 了 : 하늘 아래에서 마치다.

人
사람 인

인(人)은 옆에서 본 사람의 모습을 본뜬 상형문자로 '사람'을 뜻하고, 나아가 사람의 성질이나 상태 등을 나타내는 부수이다.

인(人)에 대한 해석은 다양한데, 대표적으로 한 사람이 다리를 벌리고 서 있는 모습이라 하고, 두 사람이 서로 기대어 있는 모습이라고 한다. 두 사람이 서로 기대어 있는 모습이라 할 때는 남자(男子)와 여자(女子)가 서로 만나서 의지하며 살아간다는 의미가 함께 들어 있다.

인(人)을 한 사람이 서 있는 모습이라 할 때에는 남자나 여자가 혼자서 독립적으로 살아가는 것을 뜻하고, 두 사람이 서로 기대어 있는 모습이라 할 때에는 사람은 혼자서 살아가는 존재가 아니라 두 사람이 만나서 사랑을 할 때 완전해진다는 의미를 담고 있다. 여기에서 결혼(結婚)의 의미가 완전히 다르게 해석된다. 혼자도 온전히 살아간다면 결혼은 무의미한 것이 되지만, 두 사람이 만나서 온전한 사람이 된다면 결혼은 필수적인 일이 되는 것이다.

인(人)이 들어간 많은 한자 가운데 몇 글자만 생각해보자.

인(仁)은 인(人)과 이(二)로 구성되며, 천지인(天地人) 삼재를 모두 포괄하는 사랑을 뜻한다. 인륜 륜(倫)은 인(人)과 인(人) 그리고 일(一)과 책(冊)으로 나눌 수 있다. 이는 여러 사람들을 하나로 묶어주는 것이 사람 살아가는 이치이며, 그것이 곧 인륜이라는 것을 의미한다.

믿음 신(信)은 인(人)과 언(言)으로서, 진리를 깨우쳐 말씀하는 사람의 말을 믿어야 한다는 의미이고, 거짓 위(僞)는 인(人)과 위 위(爲)로서, 사람이 하는 행위는 거짓이라는 뜻이다. 여기서 인(人)의 이중적 모습을 읽을 수 있다. 거짓과 욕망에 사로 잡혀 있는 사람(人)의 행위를 믿는 것이 아니라 진리의 말씀을 통해 자기의 양심의 소리를 듣는 사람(人)의 말을 믿고 따라야 한다는 것이다.

보호 보(保)는 인(亻)과 구(口) 그리고 목(木)으로 나뉘며 사람(亻)과 사람(口)이 서로 신도(神道)로써 도와주어야 한다는 것이고, 신 신(伸)은 인(亻)과 신(申)으로 나뉘어 사람에 의해서 하늘의 뜻이 펼쳐진다는 뜻이다. 또 머물 주 주(住)는 인(亻)과 주인 주(主)로서, 사람은 하늘의 뜻에 머물러 살아야 한다는 것을 뜻한다.

- 어질 인(仁) = 人 + 二 : 천지(天地)와 함께하다.
- 인륜 륜(倫) = 亻 + 侖 : 사람을 하나로 묶다.
- 믿을 신(信) = 亻 + 言 : 입지(立志)된 말이다.
- 거짓 위(僞) = 亻 + 爲 : 사람이 거짓을 하다.
- 펼 신(伸) = 亻 + 申 : 사람이 하늘의 뜻을 펼치다.

儿
같은 사람 인

걷는 사람 인(儿)은 사람이 걸어가는 발의 상형으로 글자의 아래 부위에 쓰이며, 사람을 나타내는데 사용된다.

한자에서 사람 인(人)은 3가지로 사용하고 있는데, 첫째는 눕은 사람 인 (亠), 둘째는 서 있는 사람 인(亻), 셋째는 걷는 사람 인(儿)이다.

눕은 사람 인(亠)은 하늘의 입장이고, 서 있는 사람 인(亻)은 사람의 입장 이고, 걷는 사람 인(儿)은 땅의 입장으로 인(人)도 천지인(天地人) 삼재지도 (三才之道)의 구조를 가지고 있다.

첫째, 눕은 사람 인(亠)은 진리와 하나가 되어 편안히 누워있는 사람으로 인류에게 진리를 밝혀준 성인(聖人)을 상징하고 있다. 한자에서는 알 지(知) 의 왼쪽 위, 돌아올 복(復)의 오른쪽 위, 하늘 건(乾) 오른쪽 위 등에 사용되 고 있다.

둘째, 서 있는 사람 인(亻)은 '사람인 변'으로 부르고 있는데, 이는 마음을 바로 세운 사람 즉, 입지(立志)가 된 군자(君子)를 상징하고 있다. 성인이 하 늘에 근거를 두고 인류에게 진리를 밝히는 사명을 가진 존재라면, 군자는 땅에 근거를 두고 진리를 실천하는 사명을 가진 존재이다. 인(人)의 부수의 대부분이 인(亻)으로 사용되고 있는 것도 바로 군자의 사명과 관계되는 것이다.

셋째, 인(儿)은 땅의 입장으로 성인이 밝힌 진리가 땅에서 드러나게 된다는 의미를 담고 있다. 땅을 대표하는 존재가 사람이기 때문에 사람에 의해서 실천되어지는 뜻을 가지고 있다.

윤(允)은 사(厶)와 인(儿)으로 나눌 수 있다. 이는 내 마음속에서 성인의 진리를 실천하는 것이 진실한 것이라는 뜻이다. 충(充)은 두(亠)와 윤(允)으로, 하늘의 뜻이 나의 마음속에 가득차서 실천하는 것을 뜻하고, 형(兄)은 구(口)와 인(儿)으로, 어진 사랑의 마음을 실천하는 사람이 형이란 뜻이다.

또 선(先)은 인(𠂉)과 곤(丨) 그리고 일(一), 인(儿)으로 나눌 수 있는데, 진리를 깨우친 성인에 의해서 하늘의 뜻이 땅에서 어질게 드러나는 것이 먼저이어야 한다는 뜻이다. 마지막으로 광(光)은 팔(丷)과 곤(丨), 일(一)과 인(儿)으로, 하늘의 빛을 받아서 땅에서 실천하는 것이 곧 빛나는 것이라는 뜻이다.

**한자읽기**

- 진실로 윤(允) = 厶 + 儿 : 실천하는 사람이다.
- 가득 찰 충(充) = 亠 + 允 : 하늘 아래에 진실하다.
- 형 형(兄) = 口 + 儿 : 말을 실천하다.
- 먼저 선(先) = 𠂉 + 丨 + 一 + 儿 : 천지인(天地人)이 먼저다.
- 빛 광(光) = 丷 + 丨 + 一 + 儿 : 하나로 모이니 빛나다.

入
5.입

입(入)은 안팎을 구별하는 경계선에서 안으로 들어가는 입구(入口)를 상형(象形)한 것으로, 출입(出入)하는 것을 나타낸 글자다.

내(內)는 입(入)과 경(冂)으로, '안으로 들어간다'는 뜻이지만, 안은 먼 대상을 자신 속으로 받아들인다는 의미이다. 외(外)가 대상 세계로 나아가는 것이라면, 내(內)는 자기 자신의 주체의 세계로 들어가는 것이다.

전(全)은 입(入)과 왕(王)으로 나눌 수 있다. 이는 천지인(天地人) 삼재를 일관하는 왕도(王道)를 마음속에 받아들이는 것이 곧 온전한 것이라는 뜻이다.

### 한자읽기

- 안 내(內) = 入 + 冂 : 하늘에 들어가다.
- 온전할 전(全) = 入 + 王 : 왕도에 들어가다.
- 두 양(兩) = 一 + 巾 + 入 : 두 번 들어가다.

八
여덟 팔

여덟 팔(八)은 글자의 모양이 둘로 나누어져 있는 형상으로, '나뉘다'라는 뜻이 들어 있다. 또 음양(陰陽)이 작용하여 사상(四象)이 되고, 사상이 음양으로 나뉘어 팔(八)이 된다는 뜻을 가지고 있다.

팔(八)은 침(十)과 함께 오행(五行)에서 목(木)이며 숫자(數字)인데, 만물의 시작을 그것을 담고 있기 때문에 안, 그물과 쉽다가 쉽다가 쉽다가 쉽다가 쉽다가 쉽다가 하는 쉽(十)의 작용이 시작되는 수이자 갈이가 나뉨을 의미를 담고 있다.

나눌 분(分)은 팔(八)과 칼 도(刀)로, 무엇인가를 날카로운 도끼로 여덟 개로 나누는 것을 상징한다. 공변될 공(公)은 팔(八)과 사사로울 사(厶)로, 나를 사사로이 하지 않고 공공성이 있는 여덟 안에 있는 것이다. 겸할 겸(兼)은 팔(八)과 일(一) 그리고 목(木), 돼지머리 계(彐)가 조합된 글자인데, 여덟 아래에서 손으로 두 나무를 한 주먹으로 잡고 있는 것에서 '겸하는 것'이라는 뜻을 갖게 되었다.

팔(八)이 위에서 아래로 갈라지는 작용의 의미를 담고 있다면, 팔(八)이 거꾸로 사용된 팔(丷)은 오히려 나누어져 있던 것이 한 곳에 모인다는 의미를 담고 있다.

예를 들어 총(叢)이나 당(堂)의 윗부분은 팔(丷)이 거꾸로 된 것으로, 한 곳으로 모인다는 뜻이다. 결론적으로 팔(八)은 사방(四方) 팔방(八方)으로 나누어지는 작용을 주로 표현한 것이고, 팔(丷)은 하나로 모여지는 작용을 표현한 것으로 이해되는 것이다

지금까지 팔(八)을 살펴보았으니, 이제는 팔(八)을 제외한 일(一)부터 십(十)까지 수(數)의 철학적 의미를 살펴보자.

일(一)과 이(二)는 앞에서 이야기하였고, 삼(三)은 삼효(三爻)로, 천지인(天地人) 삼재지도(三才之道)를 의미하기 때문에 진리의 구조를 나타내는 수(數)이자 오행(五行)의 목(木)에 해당된다. 왕(王), 춘(春), 청(靑), 태(泰) 등에서 사용되고 있다.

사(四)는 천도(天道)에서는 사상(四象), 인도(人道)에서는 사덕(四德), 방위(方位)에서는 사방(四方), 시절(時節)에서는 사시(四時) 등으로, '기본적인 작용'의 뜻을 담고 있다. 사(四)는 단순히 네 가지 범주로 이해할 것이 아니라 모든 작용의 의미를 가지고 있다. 『도덕경』에서는 '도(道)는 하나를 낳고, 하나는 둘을 낳고, 둘은 셋을 낳고, 셋은 만물을 낳는다(도생일 일생이 이생삼 삼생만물, 道生一 一生二 二生三 三生萬物)'라고 하여, 삼(三) 다음에는 사(四)가 아니라 만물로 드러나게 된다고 하였다. 또 사(四)의 음양(陰陽) 작용은 팔(八)로 연결되기 때문에 모든 작용에 이치를 깨우치는 것을 사통팔달(四通八達)이라고 한다.

다섯 오(五)는 이(二) 사이에 십(十)이 들어 있는 것으로 사람을 상징하고 있다. 나 오(吾)나 대오 오(伍) 등은 이처럼 사람을 상징하는 오(五)에 기반을 둔 것이다. 다만, 천지(天地)의 사이에 가로 획이 굽은 십(十)이 들어 있어서 아직 완성되지 않은 하늘의 뜻이 사람에게 있음을 보여주고 있다. 오(五)는 음양이 만나서 현상세계에 전개되는 다섯 가지 작용으로 오행(五行)이며, 이 오행(五行)을 주관하는 존재가 사람이기 때문에 사람의 본성 내지 마음을 오(五)로 표상하고 있다.

또 오(五)는 일(一)부터 사(四)까지의 생수(生數)가 새로운 단계로 넘어가는 시점으로 본체적(本體的) 의미를 가지고 있다. 일(一)이 오(五)를 만나면 육(六)이 되어 북방(北方)의 수(水)가 되고, 이(二)가 오(五)를 만나면 칠(七)이 되어 남방(南方)의 화(火)가 되고, 삼(三)이 오(五)를 만나면 팔(八)이 되어 동방(東方)의 목(木)이 되고, 사(四)가 오(五)를 만나면 구(九)가 되어 서방(西方)의 금(金)이 되고, 오(五)가 오(五)를 만나면 십(十)이 되어 중앙(中央)의 토(土)가 되는 것이다.

여섯 육(六)은 두(亠)와 팔(八)로, 하늘의 뜻이 세상에 드러나 팔(八)로 작용하는 의미를 담고 있다. 육(六)은 음양(陰陽)이 서로 사귀는 것으로, 사귈 교(交)의 윗부분으로 학교 교(校), 제울 교(恔), 본받을 효(效) 등에 사용되고 있다. 또 육(六)은 성수(成數)의 시작으로, 오(五)를 본체(本體)로 삼기 때문에 체오용육(體五用六)이라고 한다.

일곱 칠(七)은 십(十)에서 세로획이 아직 완성되지 못하고 을(乙)의 형상을 가지고 있다. 아직 십(十)으로 완성되지 못한 상태로 성장(成長)의 과정에 있음을 보여주는 것이다. 또 칠(七)은 오행(五行)의 화(火)로서 활활 타오르는 작용을 의미하기도 한다. 깎을 절(切), 범 호(虍) 등에 사용되고 있다.

아홉 구(九)는 십(十)에서 가로 획이 아직 완성되지 못하고 을(乙)의 형상을 가지고 있다. 구(九)는 땅의 입장에서는 십(十)이 되기 위한 마지막 수이고, 하늘의 입장에서는 십(十)의 작용이 시작되는 출발점이다. 십(十)이 본체(本體)가 되고 구(九)로 작용(作用)하는 체십용구(體十用九)의 의미를 담고 있다. 한자에서 궁구할 구(究)는 구멍 혈(穴)과 구(九)로 마지막까지 궁구한다는 의미를 가지고 있고, 익을 숙(熟)도 마지막까지 익힌다는 뜻이지만, 빛날 욱(旭)은 구(九)와 일(日)로 하늘이 구(九)로 작용하는 것이 곧 빛나는 것이란 뜻이다.

마지막 십(十)은 아래의 부수에서 이야기하고자 한다.


『주역』에서 팔(八)은 진리를 상징하는 팔괘(八卦)로서 건곤(乾坤), 부모(父母)와 장남(長男)인 진괘(震卦)·장녀인 손괘(巽卦)·중남(中男)인 감괘(坎卦)·중녀(中女)인 이괘(離卦)·소남(少男)인 간괘(艮卦)·소녀(少女)인 태괘(兌卦)로 구성되어 있다. 『맹자』에서도 팔구지가(八口之家)라고 하여, 천하의 식구를 팔(八)로 말하고 있다.

### 한자읽기

- 나눌 분(分) = 八 + 刀 : 칼로 나누다.
- 공변될 공(公) = 八 + 厶 : 사사로운 나를 여덟에 두다.
- 겸할 겸(兼) = 八 + 一 + 彐 + 木 : 손으로 팔과 신도를 잡다.
- 모일 총(叢) = ⅛ + 一 + 羊 + 取 : 여덟 아래 양을 모으다.
- 집 당(堂) = ⅛ + 宀 + 口 + 土 : 여덟 개의 집이 있다.

멀 경, 성 경

성 경(冂)을 예전에는 멀 경(冂)으로 불렀다. 성 경(冂)은 땅에 있는 성곽의 모습을 형상화한 것으로 일정한 공간을 둘러싸고 있는 것을 의미한다. 그런데 더 깊이 생각해보면 예전에 부르던 멀 경(冂)의 의미가 새롭게 다가온다. 단순히 현상세계를 둘러싼 공간의 경계를 나타내는 것을 넘어서 '하늘의 울타리'를 의미하는 것으로 보인다. 멀다는 것은 아득하다는 뜻과 통하고, 아득한 세계는 하늘의 세계이기 때문이다.

성(冂)이 무수로 놓여진 멀(冂) 경(冂)을 갑골문(甲骨文)이며 전서(篆書)기 원(○)으로 그리고 있음에서 멀 경(冂)이 하늘과 관련이 있다는 사실을 알 수 있다. 동북아의 한자 문명은 '하늘은 둥글고 땅은 네모나다'는 천원지방(天圓地方)의 원리에 근거하고 있지만, 한자 자체에는 원(○)이 없다는 것에 유의를 하게 된다.

한자에 원(○)이 들어가는 글자는 없더라도 이것을 대체하고 있는 것이 경(冂)과 나라 국(囗)임을 확인할 수 있다. 나라 국(囗)은 '큰 입구' 내지 '에운담'으로 불리는데, 이것은 3획에서 더 이야기하고자 한다.

경(冂)을 원의 의미로 사용하는 것은 한 가지 동(同)에서도 확인할 수 있다. 동(同)의 부수는 입 구(口)이지만, 여기서 '한 가지'나 '같다'라는 것은 둥근 원(○)의 뜻으로 이해할 때 그 의미가 더 분명해지는 것이다. 그래서 동(同)은 한 뜻을 가진 사람들이 하나의 소리를 내는 것이라 하겠다.

동(同)은『주역』에서「천화동인괘(天火同人卦)」로 대표되어, 하늘 아래에서 사람들이 한마음으로 살아가는 것을 의미하고 있다. 동인(同人)은 한울타리의 사람으로 "두 사람이 한 마음이 되어 그 날카로움이 진리를 깨우치고, 한마음의 말씀이 그 향기가 난과 같다.(이인동심 기리단금 동심지언 기취여란 二人同心 其利 斷金 同心之言 其臭如蘭)"고 하였다.

덮을 모(冒)는 경(冂)과 이(二) 그리고 목(目)으로, 모든 것을 덮고 있다는 뜻을 담고 있다.

- 빛날 경(冏) = 冂 + 儿 + 口 : 사람이 하늘에서 빛나다.
- 한 가지 동(同) = 冂 + 一 + 口 : 하나로 모이다.
- 덮을 모(冒) = 冂 + 二 + 目 : 음양과 사상을 덮다.

멱(冖)은 무엇을 '덮고 있다'는 것을 말하고 있다. 이 글자도 어릴 적에는 '민 갓머리'로 외웠다. 여기서 '민'은 '꾸미지 않는다'는 뜻으로 꾸밈이 없는 자연의 상태를 나타낸다.

이외에 '민'이 들어가는 민 엄호(厂)나 민 책받침(廴) 등은 모두 엄호(广)나 책받침(辶)과 달리 자연 상태라는 의미를 가지고 있다.

명(冥)은 빛을(日) 가리고(冖) 음양이 서로 조화를 이루는(六) 것으로 해석할 수 있다. 관(冠)은 멱(冖)과 원(元) 그리고 촌(寸)으로 이루어진 글자인데, 자연 상태에서 근원적 존재가 절도있게 드러나는 것인 벼슬을 뜻하는 글자다. 하늘이 주는 작위(爵位)인 천작(天爵)과 사람이 주는 인작(人爵) 중에서 하늘이 주는 작위가 진정한 벼슬임을 말한 것이다.

총(冢)은 멱(冖)과 돼지 시(豕) 그리고 점 주(丶)로, 돼지를 땅에 덮어 놓은 것이다. 여기서 시(豕)를 어떻게 이해하는지가 중요하다. 뒤에 시(豕)를 설명하는 부분에서 자세히 이야기 하고자 한다.

　명상(冥想)은 눈을 감고 고요히 생각을 집중하는 것으로 명상(瞑想)이라하기도 한다. 명(冥)과 명(瞑)은 모두 어두울 명이지만, 명(冥)은 깊숙이 어둠으로 들어가는 것이라면, 명(瞑)은 어두운 내면을 빛(日)으로 밝히는 의미가 있다. 또 명상을 명상(明想)이라 하여, 자신의 생각을 밝히는 것으로 사용할 수도 있다.

한자읽기

· 어두울 명(冥) = 冖 + 日 + 六 : 빛을 가리고 자기를 만나다.
· 마을 관(冠) = 冖 + 元 + 寸 : 근원을 절도 있게 하다.
· 무덤 총(冢) = 冖 + 豕 + 丶 : 하늘이 잠들다.

얼음 빙

빙(冫)은 차가운 물이나 얼음을 뜻한다. 수(水)의 삼수변(氵)에 대응한 '이수변'이라고 부르기도 한다. 『주역』의 입장에서는 삼수(氵)가 천지인(天地人) 삼재를 모두 나타낸 것이라면, 이수(冫)는 천지(天地)나 천인(天人)을 집약해서 나타낸 것이라 하겠다.

동(冬)은 치(夊)와 빙(冫)으로, 춘하추동(春夏秋冬)에서 뒤져오는 계절이 겨울이란 뜻이고, 빙(冰)은 빙(冫)과 수(水)로, 물이 얼은 것이 얼음이라는 뜻이다. 냉(冷)은 빙(冫)과 령(令), 호(冱)는 빙(冫)과 호(互), 렬(冽)은 빙(冫)과 열(列), 동(凍)은 빙(冫)과 동(東)등 모두 차가운 물을 의미하는 형성(形聲)문자다.

그런데 충(冲)은 충(沖)과 같이 사용하고 있으며, 또 차(次)는 빙(冫)과 흠(欠)이고, 야(冶)는 빙(冫)과 태(台)로서, 얼음하고는 거의 관계없이 사용되고 있다.

한편 한(寒)은 면(宀)과 일(一)·정(井)·일(一)·팔(八) 그리고 빙(冫)으로 구성되는데, 빙(冫) 때문에 '차다'는 의미를 가지고 있다. 한(寒)과 함께 쓰이는 상대적 한자인 더운 서(暑)의 의미도 함께 생각하자.

서(暑)는 일(日)과 자(者)로, 사람의 머리 위에 태양이 비치는 것이 덥다라고 할 수 있으나, 『주역』의 입장에서는 한서(寒暑)에서 한(寒)이 십(十) 위주인 음(陰)의 작용이라면, 서(暑)는 십일(十一) 위주인 양(陽)의 작용을 뜻한다고 풀이할 수 있다. 한(寒)이 하늘(井)의 작용이라면 서(暑)는 사람(者)의 작용으로서 서로 대응하고 있다.

한자인의 **한자**읽기

- 겨울 동(冬) = 夂 + 冫 : 뒤에 오는 얼음
- 얼음 빙(冰) = 冫 + 水 : 물이 차다.
- 찰 냉(冷) = 冫 + 令 : 차갑게 내리다.
- 빌 충(沖) = 冫 + 中 : 가운데를 비우다.
- 버금 차(次) = 冫 + 欠 : 두 번째 하품
- 주밀 애(冶) = 冫 + 台 : 두 번 크게 하다.

几
책상 궤

책상 궤(几)는 다리를 뻗어 안정된 책상으로 그 예시는 적다. 또 앉을 때 몸을 기대는 제구(祭具)를 상징하여 안석 궤(几)로 불리기도 한다.

궤(几)가 사용된 한자로는  범(凡)은 궤(几)와  주(丶)로, '모든 것' 내지 '일의 대략', '범상하다' 등으로 쓰인다.

· 무릇 범(凡) = 几 + 丶 : 하늘을 품다.
· 일찍 숙(凤) = 几 + 歹 : 죽음을 품다.
· 봉황새 황(凰) = 几 + 皇 : 황제의 의자

위 벌린 감

위 벌린 감(凵)은 하늘을 향해 입을 벌리고 있는 모양이다. 그래서 입 더 벌린 입 구라고도 불리며, 빈 그릇 모양이라고도 한다.

흉한 흉(凶)은 감(凵)과 십(乂)으로, 하늘을 상징하는 십(十)은 땅으로 작용해야 하는데 하늘을 향해 있으니 흉한 것이다. 음(陰)은 양(陽)으로 양(陽)은 음(陰)으로 만나야 하는데, 음은 음과 양은 양과 작용하고자 하는 것이다.

『주역』에서는 "턱을 아래로 늘어뜨리고 기다리는 것은 흉하다(관아타이 흉, 觀我朶頤 凶)"라고 하여, 입을 다물고 야무지게 자신에게 주어진 삶을 살아야 하는데, 입 벌린 채 하늘만 쳐다보는 것은 흉(凶)한 것이라 하였다.

상자 함(函)은 뚜껑 속에 하늘의 뜻을 담고 있는 상자를 의미한다.

한자 읽기의 **한자**읽기

· 흉할 흉(凶) = 凵 + 乂 : 열매가 하늘로 가다.
· 상자 함(函) = 凵 + 一 + 勹 + 水 : 하늘을 담다.
· 날 출(出) = 凵 + 屮 : 싹이 나다.

刀
칼 도

  칼 도(刀)는 칼의 모양을 형상화한 것으로 '베다'·'찌르다'·'쪼개다'·'날카롭다' 등의 의미를 담고 있다. 칼 도(刀)가 방(旁)에 놓이면 선 칼 도방(刂)으로 불리며 많이 사용되고 있다.

  이러한 뜻으로 사용된 한자를 몇 개 살펴보자.

  칼날 인(刃)은 점 주(丶)와 도(刀)로 이루어져, 하늘의 뜻이 도끼에 내려앉은 것을 뜻한다. 벨 절(切)은 일곱 칠(七)과 도(刀)로 구성되어 있는데, 일곱 토막으로 베는 것을 뜻하고, 가를 판(判)은 절반 반(半)과 도(刂)로, 절반으로 나누는 것으로, 새길 각(刻)은 돼지 해(亥)와 도(刂)로 칼로 돼지의 모습을 새기는 것을 뜻한다. 가를 부(剖)는 설 립(立)과 구(口) 그리고 도(刂)로서, 칼로 사람을 세우는 것 즉, 해부(解剖)한다는 뜻을 지닌다. 칼 검(劍)은 다 첨(僉)과 도(刂)로, 칼을 다 쓰는 것이 검이라는 뜻이다.

  『주역』의 작쾌사 원리에서 도(刀)는 침과 칼이 놓여 머리의 뜻을 재정한다는 의미를 담고 있다. 옛날에 침왕이나 칼이 사신의 권위를 상징하는

64

마를 제(制)는 높은 사람 인(亠)과 저자 시(巿) 그리고 칼 도(刂)로 이루어진 글자다. 제(制)는 '만들다'·'제정하다'·'정하다'·'바로잡다'라는 뜻을 가져, 성인(聖人)이 진리를 드러내고 그것을 제정했다는 의미를 담고 있다.

법칙 칙(則)은 너 사(四)와 여덟 팔(八) 그리고 도(刂)로서, 도끼를 사용하여 사상(四象)과 팔괘(八卦)를 통해 법칙을 세웠다는 것을 뜻하고, 지을 창(創)은 곳집 창(倉)과 도(刂)로, 도끼를 통해 하늘의 뜻을 펼쳐나간다는 의미이며, '비롯하다'·'창조하다'라는 뜻을 갖는다.

또 다를 별(別)은 구(口)와 포(勹) 그리고 칼 도(刂)로, 사람들이 가지고 있는 것을 도끼로 나누어 다르게 구별한다는 뜻을 지니고, 형벌 형(刑)은 한 일(一)과 밑 스물 입(廾) 그리고 도(刂)로, 도끼로 일(一)과 이십(二十)의 원리를 다스리는 것이 곧 형벌이란 뜻이다.

**한자** 안의 **한자읽기**

- 칼날 인(刃) = 刀 + 丶 : 칼의 주인
- 가를 부(剖) = 立 + 口 + 刂 : 칼을 세우다.
- 새길 각(刻) = 亥 + 刂 : 칼로 새기다.
- 마를 제(制) = 亠 + 巿 + 刂 : 성인이 살아가게 하다.
- 법칙 칙(則) = 貝 + 刂 : 하늘의 작용을 쓰다.
- 벌릴 열(列) = 歹 + 刂 : 죽음을 가르다.
- 다를 별(別) = 口 + 勹 + 刂 : 감싸고 있음을 가르다.
- 형벌 형(刑) = 一 + 廾 + 刂 : 이십일(二十一)로 가르다.

力
힘 력

힘 력(力)은 힘을 쓰고 있는 모습이나 굳센 팔 근육의 모양을 본떠서 만들었다고 한다. 력(力)에는 '힘이 있다'·'힘을 들이다' 등의 뜻이 들어 있지만, 력(力)의 가로 획은 한 일(一)이 굽은 것이고, 세로획은 삐침(丿)으로 열 십(十)이 힘쓰고 있는 모습이라 하겠다.

위협할 겁(劫)은 갈 거(去)와 력(力)으로 힘을 써서 가게 하는 것이니 위협하는 것이고, 용감할 용(勇)은 사(厶)와 전(田) 그리고 력(力)으로 나의 마음 밭에서 힘을 쓰는 것이 용감한 것이고, 졸렬할 렬(劣)는 적을 소(少)와 력(力)으로 힘이 적은 것은 졸렬한 것이고, 도울 조(助)는 또 차(且)와 력(力)으로 힘을 또 쓰는 것이니 돕는 것이다.

또 『주역』에서는 "힘은 적은데 임무는 막중하다(역소이임중 力小而任重)"라고 하여, 힘의 의미로 사용하고 있다.

신칙할 칙(勅)은 묶을 속(束)과 력(力)으로 힘으로 묶는 것이 신칙하는 것으로 '경계하다'·'조서'·'삼가다'라는 뜻이 있다. 움직일 동(動)은 무거울 중

(重)과 력(力)으로 힘을 써서 무거운 것을 움직이게 하고, 로(勞)는 화(火) 2개와 멱(冖) 그리고 력(力)으로 보이지 않는 곳에서 불 같이 활활 타오르는 것이 수고로운 것이고, 근(勤)은 힘써 삼가는 것이니 부지런한 것이다.

가(加)는 력(力)과 구(口)로 사람의 노력에 하늘의 뜻이 더해 주는 의미로 해석하고, 공(功)은 공(工)과 력(力)으로 하늘과 땅을 연결시키는데 힘을 다해야 공이 있는 것이다.

한자 안의 **한자**읽기

- 거(去) = 去 + 力 : 힘을 쓰다.
- 남(男) = 厶 + 田 + 力 : 자기 밭에서 힘쓰다.
- 열(劣) = 少 + 力 : 힘이 적다.
- 조(助) = 且 + 力 : 또 힘쓰다.
- 칙(勅) = 束 + 力 : 힘을 묶다.
- 동(動) = 重 + 力 : 무겁게 힘쓰다.
- 노(勞) = 火 + 冖 + 力 : 뜨겁게 힘쓰다.
- 공(功) = 工 + 力 : 하늘과 땅을 연결시키다.

쌀 포

포(勹)는 그대로 무엇을 감싸다는 뜻이다. 사람이 허리를 굽혀 물건을 감싸고 있는 형상에서 취한 것으로 '안다'·'싸다'의 뜻을 가지고 있다.

열흘 순(旬)은 포(勹)와 일(日)로 일을 감싸고 있는 것이 열흘이 되고, 쌀 포(包)는 포(勹)와 사(巳)로 자기를 감싸고 있는 것이고, 기어갈 포(匍)는 포(勹)와 보(甫)로 자기의 몸을 감싸고 기어가는 것이고, 가슴 흉(匈)은 포(勹)와 흉(凶)이고, 굽힐 구(句)는 포(勹)와 구(口)로 형성(形聲)문자이다.

또 포(勹)가 들어가는 대표적인 한자가 이룰 성(成)이다. 포(勹)와 창 과(戈)가 이룬다는 의미이다. 이렇게 보면 그 의미가 다가오지 않을 것이다. 창을 감싸는 것이 '완성하다'·'이루다' 이러한 의미와 무슨 관계가 있는가를 생각해야겠다.

그런데 창 과(戈)는 단순히 전쟁에 사용되는 무기의 의미만 가지고 있는 것이 아니라 『주역』에서는 땅을 대표하는 곤괘(坤卦)의 뜻을 대행하는 이괘(離卦)로 이야기하고 있다. 창은 바로 이괘(離卦)를 상징하고 있는 것으로 성

(成)은 땅의 작용을 대표하는 이괘의 원리를 포용하는 것이기 때문에 일의 완성을 의미하는 것이다.

한걸음 더 나아가 포(勹)는 손으로 감싸는 것이기 때문에 엄지에서부터 새끼손가락까지 수를 헤아리는 뜻이 들어 있다. 이는     수(手)에서 자세히 이야기하고자 한다.

포(勹)는 한자의 옆에도 많이 들어가지만, 주로 머리에 위치하고 있다. 상(象)의 위에 있는 것도 포(勹)이고,     해(解)의 왼쪽     각(角)의 윗머리도 포(勹)이다.

한자읽기

- 권          = 勹 + 日 : 날을 감싸다.
-            = 勹 + 巳 : 자기 몸을 감싸다.
- 기어갈 포(匍) = 勹 + 甫 : 어린 아이가 기어가다.
- 가슴          = 勹 + 凶 : 흉을 감싸다.
- 이룰 성(成)   = 勹 + 戈 : 땅의 뜻을 감싸다.
- 글자          = 勹 + 口 : 말을 감싸다.

비수 비

비(匕)는 숟가락이나 수저가 굽어 있는 모양이나 늙은 어머니의 모습을 형상화한 부수이다. 또 옛날 한자에서는 사람이 거꾸로 있는 모양으로 '변화하다'·'바뀌다'라는 뜻을 가지고 있다고 한다.

비(匕)가 들어간 한자를 보면, 그 의미를 더욱 분명하게 알 수 있다. 화(化)는 인(亻)과 비(匕)로 한 사람은 바로 서 있고, 다른 한 사람은 거꾸로 있는 것이다. 화(化)는 변화(變化)의 의미로 사용되는데, 변(變)은 하늘의 뜻이 땅으로 전개되는 것이라면, 화(化)는 감화(感化)로 사람이 성인의 말씀에 감화되어 인격적인 존재로 변화하는 뜻을 가지고 있다. 이것은 우리가 이해하는 변화의 뜻을 넘어선 것으로 근본적인 의미에서 변화를 말하는 것이다. 또 화(化)에서 인(亻)은 뜻을 세운 사람의 감화(感化)이고, 비(匕)는 하늘의 뜻을 받드는 것으로 풀이된다.

비(匕)를 두 개 나란히 놓은 비(比)는 두 사람이 나란히 걸어가는 것이다. 북(北)은 두 사람이 등을 마주 대고 있는 형상이고, 노(老)는 토(土)와 별(丿) 그리고 비(匕)로 모두 사람이 거꾸로 있는 의미

70

로 사용하고 있다.

　차(此)는 　　　지(止)와 비(匕)로 사람이 그쳐 있는 곳이 이곳이고, 　　　빈(牝)은 　　　우(牛)와 비(匕)로 늙은 어머니의 모습을 본뜬 것에서 유래한 것으로 암컷을 나타내는 말이 된 것으로 보인다. 　　　시(匙)는 　　　시(是)와 비(匕)의 형성(形聲)문자로 수저의 뜻을 가지고 있다.

*한자*읽기

- 될 화(化) = 亻 + 匕 : 선 사람과 거꾸로 사람
- 이 차(此) = 止 + 匕 : 하늘 작용이 그침
- 암컷 빈(牝) = 牛 + 匕 : 암 소
- 숟가락 시(匙) = 是 + 匕 : 숟가락

방(匚)은 네모난 상자 모양을 본 뜬 것으로 '         구'로 불리며
혜(匸)와 함께 쓰기도 한다.

장(匠)은 방(匚)과        근(斤)으로 도끼를 사용하는 사람이고,
광(匡)은 방(匚)과 왕(王)으로 왕이 잡는다는 의미이고,        비(匪)는
비(非)와 방(匚)으로 아닌 것을 감싸는 것도 잘못이며,        궤(匱)는        귀
(貴)와 방(匚)으로 귀중품 보관상자를 의미하고,        닉(匿)은        약(若)과
방(匚)으로 상자에 숨는 것이고,        구(區)는        품(品)과 방(匚)으로 물
건을 담는 상자가 경계 내에 있음을 표시하는 것이다.

한자읽기

· 장인 장(匠) = 匚 + 斤 : 도구를 쓰다.
· 바를 광(匡) = 匚 + 王 : 왕도로 바로잡다.
· 아닐 비(匪) = 匚 + 非 : 감추어진 잘못
· 함 궤(匱) = 匚 + 貴 : 귀한 것을 감추다.
· 숨을 닉(匿) = 匚 + 若 : 뜻을 감추다.
· 지경 구(區) = 匚 + 品 : 물건이 들어가다.

십(十)은 일(一)과 곤(ㅣ)이 완전히 일체화된 것으로 음양(陰陽)이 하나가 된 가장 근원적인 세계를 뜻한다. 그래서 종교에서는 십(十)을 신(神)이나 하나님을 의미하는 상징으로 쓴다.

십(十)을 옆으로 눕히면    십(乂)이 되는데, 십(十)이 하늘을 상징하는 본체라면,    십(乂)은 하늘이 작용하는 것이라 하겠다. 그런데    십(乂)은    오(五)의 고자(古字)로 하늘의 작용이 인간(五)에 의해서 드러나게 된다는 의미를 가지고 있다.

토(土),    사(士),    철(屮),    입(卄),    지(支),
목(木),    효(爻),    우(牛),    옥(玉),    전(田),    설(舌),    초(艹),
신(辛),    부(阜),    혁(革) 등에 들어 있다.
십(十)이 들어간 한자를 보면, 61세가 되면 회갑(回甲)이나 화갑(華甲)이라고 하는데 [빛날] 화(華)를 분석하면 61이 되고, 갑(甲)은 구(口)에서 십(十)이 삐져나온 것이다.

[우물] 정(井)은 십(十)과 십(十)을 겹쳐 놓은 것이고, [방패] 간(干)은 일(一)과 십(十)으로 천간을 의미하고, [말미암을] 유(由)는 십(十)과 구(口)로 나의 마음속에 있는 양심에 말미암는다는 것이고, [밭] 전(田)은 구(口)와 십(十)으로 나의 마음 밭에는 십(十)이 있다는 것이고, [옛] 고(古)는 십(十)과 구(口)로 옛일은 하늘의 뜻을 말하는 것이다.

[다행] 행(幸)은 일(一)과 [설] 립(立)과 십(十)으로 일(一)과 십(十) 즉, 하늘과 땅 사이에서 살아가는 것이 요행인 것이고, [납] 신(申)은 구(口)와 십(十)으로 정해진 구역에서 밖으로 퍼져 나가는 것으로 [펼] 신(伸)으로도 사용된다.

[아내] 처(妻)는 십(十)과 계(彐) 그리고 녀(女)로 십(十)인 하나님(남편)을 잡고 있는 여자로 풀이되고, [첩] 첩(妾)은 립(立)과 녀(女)로 서있는 여자인데 실제적으로 입지(立志)가 된 여자이다.

이외에도 십(十)이 들어간 한자는 매우 많은데, 이것은 바로 한자가 하늘의 뜻을 드러내고 있음을 상징적으로 보여주는 것이다.

점진 복

복(卜)은 점을 치기 위해 소뼈나 거북의 등딱지를 태워서 얻어진 갈라진 금의 모양을 형상화한 것으로 '점치다'라는 뜻이 있다.

고대인들의 본래적 의도는 바로 하늘의 뜻을 알기 위한 것이다. 그래서 복(卜)은 곤(丨)과 주(丶)의 결합으로 하늘의 뜻을 알고자 하는 인간의 행위임을 알 수 있다.

복(卜)은 점(占)인데, 점(占)은 곤(丨·天·빛)과 일(一·地·확장) 그리고 구(口·人·말씀)로 천지인(天地人) 삼재를 일관하는 글자로 하늘의 뜻을 땅에 전해주는 말씀이 점(占)인 것이다.

괘(卦)는 토(土) 2개와 복(卜)으로 하늘의 뜻을 드러낸 것이 『주역』의 괘상(卦象)이라는 의미를 담고 있다.

점의 방법인 복(卜)은 거북(龜)을 통해 상징되는 낙서(洛書)를 말하는 것이고, 서(筮)는 시초(蓍草)를 통해 상징되는 하도(河圖)를 말한 것이다. 복서(卜筮)에서 복(卜)은 하늘의 뜻(빛)이 드러나는 것이기 때문에 천도(天道)의 작용을 상징하는 낙서(洛書)와 결부되고, 서(筮)는         죽(竹)과         공(工 = 二 + 丨) 그리고 인(人) 2명으로 천지인(天地人) 삼재의 주체인 인간에 의해서 하늘의 뜻이 세상에 드러나는 것으로 하도(河圖)와 결부되는 것이다.

또 귀(龜)는     포(勹)와     망(皿) 그리고     초(艸)와 십(乂)등으로 구성되어, 가운데 십(十)의 작용이 중심이기 때문에 하늘의 사상(四象) 작용을 나타내는 낙서(洛書)에 결부되고, 시(蓍)는 초(艹)와     노(老 = 耂 + 匕(거꾸로 사람)) 그리고     왈(曰)로 삶의 지혜를 가지고 있는 늙은이(老)가 가운데 들어 있다고 할 수도 있고, 인간이 하늘의 뜻을 말하는 것으로 볼 수 있기 때문에 하도(河圖)와 결부되는 것이다.

= 卜 + 口 : 점을 말하다.
= 竹 + 巫 : 대나무와 무당
 = ⺿ + 老 + 曰 : 늙은이가 말하다.
= 圭 + 卜 : 점의 신표가 되다.

병부마디 절

병부마디 절(卩)은 사람이 무릎을 꿇고 앉아 있는 모양을 형상화한 것으로 무릎을 꿇을 일에 관계되는 문서나 신표의 뜻을 가지고 있다. 다른 한자의 아래에 쓰일 때는 절(卪)로 사용된다.

절(卩)은 마디 절(節)의 옛 글자로 절도에 맞게 나누어진다는 의미를 가지고 있다. 대표적인 한자가 목숨 명(命)이다. 명(命)은 합할 합(合)과 절(卩)로 구성되어, 합해진 것은 절도에 맞게 나누어지고, 나누어진 것은 합해지는 이치를 표상하고 있다.

곧 즉(卽)은 밥 백(皀)과 비(匕) 그리고 절(卩)로 사람이 신도(神道)에는 곧바로 무릎을 꿇어야 하는 것이고, 위태할 위(危)는 포(勹)와 엄(厂) 그리고 절(卪)로 굴 바위에서 무릎을 꿇고 앉아서 자신을 감싸고 있는 위태로운 상황이고, 물리칠 각(却)은 갈 거(去)와 절(卩)로 무릎 꿇고 가는 것이니 물러나는 것이고, 넷째 지지 묘(卯)와 알 란(卵)의 오른쪽에 들어가 있다.

엄(厂)은 깎아지른 낭떠러지를 형상화한 것으로 '벼랑'이나 '돌'의 의미를 가지고 있다. 엄(广)과의 차이는 바로 주(丶)가 없다는 점이다. 따라서 엄(广)이 하늘의 뜻이 내려와 있는 굴 바위라면, 엄(厂)은 자연 상태의 굴 바위를 의미하는 것이다.

후(厚)는 엄(厂)과 일(日) 그리고 자(子)로 굴 바위에서 진리를 자식에게 가르치는 것이니 두터운 것이고, 원(原)은 엄(厂)과 백(白) 그리고 소(小)로 아직 사람의 손이 닿지 않는 곳에서 신도(神道)가 작게 드러나는 것이 근원이고, 염(厭)은 엄(厂)과 일(日) 그리고 월(月)과 견(犬)으로 진리를 탐구하는 군자와 일월의 밝음이 굴 바위에 들어가는 것을 꺼리고 싫어하는 것이다.

한자읽기

= 厂 + 日 + 子 : 굴 바위에서 자식이 진리를 익히다.
= 厂 + 白 + 小 : 몸을 작게 하다.
= 厂 + 日 + 月 + 犬 : 일월이 굴 바위에 들어가다.

사(厶) 혹은　　사(厶)로 불리는데, 옛날에는 마늘의 모양을 닮았다고 해서 '　　모'라고 불렀다.

이 한자에 대한 해석도 미흡한 부분이 많다.　　사(厶)는 나 자신이라는 뜻이지만, '나'라는 한자는　　아(我)를 비롯하여,　　여(予),　　여(余),　　오(吾),　　기(己) 등 여러 가지 형태가 있다.

여기서　　사(厶)가 '나'라는 다른 한자에 비해 진화하지 않는 원형(原形)의 나를 의미하는 것이 아닐까 생각해 본다.

사(厶)가 진화되어 현상에 나타난 '나'가 바로 사(厶)가 있는 여(予)인 것이다. 또 인간의 이기적 욕망을 드러내는 한자인　　　　사(私)에 들어가며, 사심(私心)은 사사로이 자기의 욕심을 채우려는 마음이다. 이와 반대되는 한자인　　　　공(公)에도 사(厶)가 들어가 있는데, 이 경우에는 팔달(八達)로 통하는 사(厶)이기 때문에 공변된 것이라 하겠다.

또 　　　　 윤(允)은 사(厶)를 제대로 실천하는 사람이라는 뜻이고, 　　　 운
(云)은 이(二)와 사(厶)로 천지인(天地人) 삼재를 모두 말하는 것이고, 　　　 거
(去)는 　　 토(土)와 사(厶)로 내가 땅에서 걸어가는 것이고, 　　　　 의(矣)는
사(厶)와 　　　 시(矢)로 '종결어미'·'단정'의 뜻으로 사용되고, 　　　　 참(參)
은 사(厶) 3개와 인(人) 그리고 　　　 삼(彡)으로 사람 3명이 나란히 참여하는
것이다.

한자읽기

- 　　　　 = 厶 + 一 + 亅 : 근원의 나를 찾다.
- 　　　　 = 禾 + 厶 : 사사로운 나를 다스리다.
- 　　　　 = 厶 + 儿 : 나를 드러내다.
- 　　　　 = 二 + 厶 : 나와 너 둘
- 　　　　 = 厶 + 矢 : 나는 하늘에서 마치다.
- 　　　　 = 厶 + 人 + 彡 : 세 명이 참여하다.

又
무우, 손우

　우(又)는 오른쪽 손을 의미한다. 왼쪽 손은 　　철(屮)이다. 오른손은
일을 하는 손으로 무엇을 잡고 있다는 의미로 사용되고 있다.

　지(支)는 하늘을 상징하는 십(十)을 잡고 있는 것이다. 　우(友)는
일(一)과 별(丿) 그리고 우(又)로 손으로 하늘의 작용을 잡고 있는 사람이 친

구이고, 돌이킬 반(反)은 엄(厂)과 우(又)로 자연의 상태로 돌아가는 것이고,
취한 취(取)는 귀 이(耳)와 우(又)로 손으로 하늘의 소리를 취하는 것이고, 받
은 수(受)는 손톱 조(爫)와 멱(冖) 그리고 우(又)로 손으로 무엇을 잡아서 받
는 것이다.

한자읽기

- 벗 우(友) = 一 + 丿 + 又 : 하나를 다스리다.
- 돌이킬 반(反) = 厂 + 又 : 자연으로 돌아가다.
- 취할 취(取) = 耳 + 又 : 하늘의 소리를 잡다.
- 받을 수(受) = 爫 + 冖 + 又 : 손으로 잡다.

구(口)는 입의 모양을 형상화하여 만든 부수로 입의 뜻과 목소리나 숨을 밖으로 내는 일, 음식, 입의 기능에 관련된 한자에 사용되고 있다.

사람의 입은 하나 밖에 없다. 그래서 옛날에 인구주택 총 조사를 할 때 호구조사(戶口調査)라고 하였다. 자기 집의 사람이 몇 명인지를 말할 때 식구(食口)가 몇이라고 한다.

또 입은 형이하(形而下)의 대상 사물을 먹어서 사람의 몸을 지탱시키는 출발이 될 뿐만 아니라, 소화된 음식의 힘을 바탕으로 형이상(形而上)의 진리를 말하는 역할을 하기 때문에 음식을 먹는데 욕심을 부리지 말아야 하고, 말을 삼가야 하는 것이다.

구(口)가 들어간 한자를 보면, 미(味)는 구(口)와 미(未)로 맛을 본다는 것이고, 호(呼)는 구(口)와 호(乎), 창(唱)도 구(口)와 창(昌)으로 입으로 부른다는 것이고, 문(問)은 구(口)와 문(門)으로 묻는다는 뜻이고, 오(吾)는 오(五)와 구(口)로 '나'라는 뜻이다.

합(合)은 인(人)과 일(一) 그리고 구(口)로 사람이 한 입으로 합하는 것이고, 고(告)는 인(ㅡ)과 곤(丨) 그리고 일(一)과 구(口)로 천지인(天地人) 삼재의 뜻을 말하는 것이다.

가(可)는 구(口)와 정(丁)으로 하늘의 뜻이 현상세계로 드러나는 것은 옳은 것이고, 부(否)는 불(不)과 구(口)로 막혀 있어서 아닌 것이고, 군(君)은 손(크)에 지휘봉(丿)을 들고 백성들을 지도하는 사람이고, 품(品)은 구(口)가 3개로 세상에 드러난 천지인(天地人) 삼재를 상징한다.

명(命)은 합(合)과 분(分)으로 음양(陰陽)이 합했던 것은 나누어지고, 나누어진 것은 합해지는 '생명원리'의 뜻을 가지고 있다. 운명(運命)은 주어진 천명을 운전하는 것이고, 숙명(宿命)은 주어진 천명에 따라 살아간다는 것이고, 사명(使命)은 주어진 천명을 부리는 것이다.

### 한자읽기

· 알릴 고(告) = 一 + 口 + 크 + 丿 : 사람이 하늘의 일을 하다.
· 마칠 정(丁) = 一 + 丿 : 하나를 마치다.
· 나 여(予) = ㅿ + 一 + 丿 : 하나로 드러난 나
· 옳을 가(可) = 丁 + 口 : 하늘 속에 내가 있다.
· 어찌 하(何) = 亻 + 可 : 사람이 옳다고 하다.
· 목숨 명(命) = 人 + 一 + 口 + 卩 : 합해지고 나누어지다.

065 위, 나라 국

국(囗)은 울타리가 쳐져 있는 일정한 공간으로 '둘러싸다'·'둘레'·'두르다'의 뜻을 가지고 있으며, 구(口)보다 크다고 하여 '　　 구'로 부른다.

　　수(囚)는 국(囗)과 인(人)으로 사람을 일정한 공간에 가두는 것이고, 곤(困)은 국(囗)과 목(木)으로 나무가 갇혀 있어서 곤궁한 것이고, 목(木)은 목도(木道)로 신도(神道)이기 때문에 하늘의 신명원리를 가두는 것은 곤궁한 것으로 확장할 수 있다.

또 　　 원(園)은 국(囗)과 토(土) 그리고 구(口)와 수(水)로 일정한 공간에 땅과 사람 그리고 물이 있는 곳이 동산이고, 　　 인(因)은 국(囗)과 대(大)로 하늘의 뜻에 근본한다는 것이다. 따라서 국(囗)은 하늘의 뜻이 드러나는 일정한 공간이라는 긍정적인 뜻과 생명을 가두는 부정적인 의미를 동시에 가지고 있음을 알 수 있다.

한 면, 경(口)과 같이 일정한 공간을 의미하지만 근본적으로는 천원(天圓, ○)의 의미를 담고 있는 것이다.

국(口)은 『주역』의 사유구조인 천원지방(天圓地方)에서 땅을 상징하고, 그 땅을 대표하는 존재가 사람이기 때문에 사람을 의미하는 구(口)와 국(口)은 서로 같은 뜻으로 사용되는 것이다.

또 하늘을 상징하는 원(圓, ○)도 하늘의 입장에서는 천 주(丶), 사람의 입장에서는 인 경(冂), 그리고 땅의 입장에서는 지 국(口)으로 이해되어, 천지인(天地人) 삼재지도(三才之道)의 구조를 가지고 있다.

원(圓)은 국(口)과 구(口) 그리고 패(貝 = 四 + 八)로 사람이 일정한 공간에서 사상(四象)과 팔(八)의 작용을 둥글게 쓰는 것이고, 나라 국(國)은 국(口)과 창 과(戈) 그리고 구(口)와 일(一)로 한 사람이 창을 들고 있는 일정한 공간이라고 해석하지만, 『주역』의 입장에서는 과(戈)가 이괘(離卦)를 상징하기 때문에 땅의 뜻이 드러나는 인격적 삶의 공간이라는 의미를 가지고 있다.

**한자 인의 한자읽기**

- 가둘 수(囚) = 口 + 人 : 사람을 가두다.
- 곤궁할 곤(困) = 口 + 木 : 신도(神道)를 가두다.
- 동산 원(園) = 口 + 土 + 口 + 水 : 흙과 물이 모여 있다.
- 둥글 원(圓) = 口 + 員 : 하늘의 작용이다.
- 인할 인(因) = 口 + 大 : 하늘로 인하다.
- 나라 국(國) = 口 + 戈 + 口 + 一 : 땅의 인격적 뜻이 있는 곳

土
흙 토

토(土)는 토지의 신을 제사 지내기 위하여 기둥 꼴로 굳힌 흙의 모양을 형상화한 것이다. 토지의 신인 사(社)의 원래 한자로 흙으로 된 것, 흙의 상태 등 흙과 관계되는 한자에 사용되고 있다.

대표적으로 재(在)는 토(土)와 일(一), 별(丿) 그리고 곤(丨)으로 하나의 작용이 땅에서 다스려지는 것이고, 좌(坐)는 인(人)과 토(土)로 사람이 흙에 앉아 있다는 것이고, 장(場)은 토(土)와 양(昜)으로 햇볕이 잘 드는 땅이 마당이라는 것이다.

성(城)은 토(土)와 성(成)이고, 기(基)는 기(其)와 토(土)이고, 경(境)은 토(土)와 경(竟) 등 흙의 뜻을 가진 형성(形聲)문자가 있다.

토(土)는 한 일(一)과 열 십(十)이 만난 것으로 오행(五行)의 중앙이다. 다음의 선비 사(士)가 십(十)이 중심이라면, 토(土)는 십(十)보다는 땅에서의 작용을 의미하는 일(一)이 중심인 것이다.

땅 지(地)는 토(土)와 이조사 야(也)로 하늘의 작용이 마치는 곳이 땅이라는 뜻이고, 땅 곤(坤)은 토(土)와 펼 신(申 = 口 + 十)으로 하늘의(十) 작용이 펼쳐지는 곳이 흙이라는 의미이다. 곤(坤)과 항상 같이 사용되는 하늘 건(乾)은 십(十)과 일(日), 십(十) 그리고 인(𠂆)과 을(乙)로 하늘을 상징하는 십(十)이 위주가 되어 있다.

또 『주역』에서는 토(土)에 대해 "백곡과 초목이 흙에 붙어있다(백곡초목 려호토 百穀草木 麗乎土)", "흙에서 편안하여 인(仁)에서 돈독해진다(안토 돈호인 安土 敦乎仁)"라 하여, 사람이 살아가는 근본이 됨을 이야기하고 있다.

- 있을 재(在) = 一 + 丿 + 丨 + 土 : 하늘 아래 있다.
- 앉을 좌(坐) = 人 + 土 : 땅의 사람
- 마당 장(場) = 土 + 昜 : 볕드는 땅
- 성곽 성(城) = 土 + 成 : 흙으로 이루다.
- 터 기(基) = 其 + 土 : 바탕이 되다.
- 지경 경(境) = 土 + 立 + 見 : 흙에 서서 보다.
- 땅 지(地) = 土 + 也 : 하늘이 드러나다.
- 땅 곤(坤) = 土 + 申 : 하늘이 펼쳐지다.

선비 사

선비 사(土)는 십(十)과 일(一)이 만난 것으로 십(十)이 중심이다. 사농공상(土農工商)에서 사(土)는 하늘의 뜻을 깨달아 사람들에게 알려주는 역할을 담당하는 것이다. 그래서 십(十)과 일(一)이다.

농(農)은 굽을 곡(曲)과 별 진(辰)으로 하늘의 뜻에 따라 꾸불꾸불 살아가는 사람이라면, 공(工)은 하늘과 땅을 직접 연결하는 장인이고, 상(商)은 설립(立)과 멀 경(冋)으로 하늘의 뜻을 세워서 사람들과 서로 소통하는 역할을 하는 것이다.

따라서 유학의 사농공상(土農工商)은 역할이 다른 것이지 귀천(貴賤)이 있는 것은 아니다. 『맹자』에서는 '서로의 공을 소통하여 일을 바꾼다(통공역사通功易事)'를 통해 이야기하고 있다.

사농공상(土農工商)의 한자를 풀이하면, 농(農)은 굽을 곡(曲)과 별 진(辰)으로 하늘의 뜻에 순응하는 의미를 담고 있고, 공(工)은 하늘과 땅을 연결시키는 것이고, 상(商)은 설 립(立)과 인(儿) 그리고 구(口)로 사람이 뜻을 세워서 실천하는 일이라고 하겠다.

길(吉)은 사(士)와 구(口)로 선비의 입이 길한 것은 바로 하늘의 뜻을 깨달아 사람들에게 알려주기 때문이다.

　임(壬)은 별(丿)과 사(士)로 선비가 다스리는 의미를 담고 있고, 지(志)는 사(士)와 심(心)으로 선비의 마음은 올곧고 지조가 있는 것이다.

　수(壽)는 사(士)와 이(二) 그리고 공(工)과 구(口), 촌(寸)으로 선비가 음양이 합해진 이치를 입으로 절도에 맞게 행하기 때문에 장수(長壽)하는 것이다.

한자읽기

- 길할 길(吉) = 士 + 口 : 선비의 입
- 아홉째 천간 임(壬) = 丿 + 士 : 왕(王)과 같다.
- 뜻 지(志) = 士 + 心 : 선비의 뜻
- 목숨 수(壽) = 士 + 二 + 工 + 口 + 寸 : 하늘을 받들고 절도있게 먹다.
- 헤아릴 상(商) = 立 + 冏 : 세워서 빛내다.

치(夂)는 아래를 향한 발의 형상을 본뜬 것으로 '내려가다'의 뜻이 있으며, 쇠(夊)는 아래를 향한 발자국의 머뭇거리는 모양을 본뜬 것으로 한자의 아래 부분에 위치하고 있다.

치(夂)가 들어간 한자는 동(冬)으로 치(夂)와 빙(冫)으로 사계절에서 뒤에 오는 차가운 계절이라는 의미이고, 하(夏)는 일(一)과 자(自) 그리고 쇠(夊)로 하늘의 작용이 스스로 드러나는 계절이라는 의미로 해석된다.

예를 들면 각(各)은 치(夂)와 구(口)로 감싸서 다스리는데 사방(口)에 맞게 각각 다르게 하는 것이다. 각(各)이 들어간 낙(洛)은 수(氵)와 각(各)으로 하늘의 중정지기(中正之氣)인 물이 음(陰)과 양(陽)으로 서로 분리되어 각각 작용한다는 의미이다.

낙서(洛書)는 『주역』의 진리를 표상하는 그림인데, 서(書)는 십(十)과 일(一)을 잡고 있는 율(聿)과 ██ 왈(曰)로 십일(十一)의 원리를 말하는 것이다. 낙서(洛書)와 함께 붙어 다니는 하도(河圖)의 하(河)는 수(氵)와 가(可)로 하늘의 중정지기인 물이 합해져서 작용한다는 것으로 음양(陰陽)이 만나서 작용한다는 의미로 풀어진다. 도(圖)는 국(囗)과 구(口) 그리고 두(亠)와 구(口) 2개로 하늘의 작용이 네 개로 펼쳐지는 그림이라는 의미로 해석된다.

██ ███의 ███는 ██의 ████ ██ ███ ████ ████ ███의 ████ ████ ████ ██ ██의 ███ ████ ██의 ████ ██에 ███ ████ ██ ██에서 ████ ██의 ████ ██ ████의 ████에 ████ ████.

- ███ ███ = 夂 + 冫 : 늦은 차가운 계절
- ███ ███ = 一 + 自 + 夂 : 하늘이 스스로 드러나다.
- ███ ███ = 夂 + 口 : 사람마다 각각
- ███ ███ = 氵 + 各 : 하늘이 음양으로 나누어지다.

저녁 석

석(夕)은 달이 반쯤 보이는 모양을 형상화한 것으로 저녁의 의미를 가지고 있으며, 월(月)과 글자의 형태가 비슷하여 밤의 뜻도 가지고 있다.

석(夕)이 들어간    야(夜)는 두(亠)와 인(亻) 그리고 석(夕)과 별(丿)로 달이 사람의 아래로 떨어져 있는 상황이 밤이라는 의미이고,    몽(夢)은 초(艹)와 망(罒) 그리고 멱(冖)과 석(夕)으로, 하늘 뜻(艹)이 그물같이 덮여진(冖) 밤에 달을 만나는 것이 꿈이다.

예를 들어    명(名)은 석(夕)과 구(口)로 저녁의 사람이나 입으로 해석하면 어색하다. 그래서 하늘의 뜻을 감싸서 부르는 것이 이름으로 풀이된다.

또    외(外)는 석(夕)과 복(卜)으로 '저녁에 점을 치다'는 의미보다 하늘의 뜻을 감싸서 복(卜)을 헤아리는 것은 사람의 마음이나 행동의 밖에 있는 의미로 해석되어진다. 많은 다(多)는 석(夕)과 석(夕)의 저녁이 아니라 고기 육(肉) 즉, 육달월(月)이 겹쳐진 것으로 '많다'라는 의미로 해석하고 있다.

『주역』에서 석(夕)은 "저녁이 되어 근심하면(석척약 夕惕若)", "하루 아침 하루 저녁의 연고가 아니다(비일조일석지고 非一朝一夕之故)"라고 하여, 군자가 하루를 반성하는 때로 이야기하고 있다.

한자읽기

- 이름 명(名) = 夕 + 口 : 저녁에 부르다.
- 바깥 외(外) = 夕 + 卜 : 저녁에 점치다.
- 많을 다(多) = 夕 + 夕 : 많다.

大
_대_

　대(大)는 편안히 두 다리와 두 팔을 벌리고 있는 사람(人)의 모양을 형
상화한 것으로 '크다'·'위대하다'라는 뜻을 가지고 있다.

　　태(太)는 대(大)와 주(ヽ)로 하늘의 뜻을 깨우친 것이 크다는 것이고,
협(夾)은 인(人)과 대(大)로 사람들이 하늘의 뜻에 매달려 있는 것이며,
앙(央)은 경(冂)과 대(大)로 천도(天道)를 크게 하는 중앙이다.
　　천(天)은 일(一)과 대(大)로 대(大)가 하늘을 상징하지만 일(一)이 더
해져 있다. 천지인(天地人) 삼재(三才)의 원리에서 대(大)가 인도(人道)를 중
심으로 하는 하늘의 원리적 의미라면, 천(天)은 지도(地道)로 하늘의 현상적
작용을 포함한 의미이고, 건(乾)은 천도(天道)로 하늘의 인격적 뜻을 함
축한 것이다. 『주역』에서는 건(乾)의 동정(動靜) 원리에서 대(大)가 태어난다
고 하였다.
　　부(夫)는 대(大)와 일(一)로 하늘의 뜻을 대행하는 사람이 남편(지

아비)이고, 『맹자』에서는 참다운 지아비를 '대장부(大丈夫)'라고 하였다.

기(奇)는 대(大)와 가(可)로 하늘이 드러나는 작용을 수로 나타내면 홀수인 기수(奇數)가 되고, 이것은 기이(奇異)한 원리이기 때문에 기(奇)로도 사용된다.

사(奢)는 대(大)와 자(者)로 사람이 크게 쓰는 것이 사치하는 것이고, 석(奭)은 대(大)와 백(百) 2개로 백이 하늘에 매달려 있는 것이 큰 것이다. 여기서 100은 하도(河圖) 55와 낙서(洛書) 45가 합해진 것으로 이치의 모든 작용수라는 의미를 가지고 있다.

요(夭)는 별(丿)과 대(大)로 하늘의 원리를 다스리는 것은 어린 아이의 마음일 때 가능하다는 것이고, '요절하다'는 뜻이 될 때는 천도(天道)에 순응해야 하는데 하늘을 다스리고자 하기 때문에 일찍 죽는 것이다.

**한자읽기**

· 큰 대(大) = 大 + 丶 : 하늘이 크다.
· 길 협(夾) = 大 + 人 : 사람이 하늘에 끼다.
· 가운데 앙(央) = 冂 + 大 : 하늘 가운데
· 지아비 부(夫) = 一 + 大 : 하늘을 아는 사람
· 기수 기(奇) = 大 + 可 : 하늘의 수
· 사치할 사(奢) = 大 + 者 : 자기가 하늘이다.
· 큰 석(奭) = 大 + 百 : 백배로 크다.

女
계집 녀

녀(女)는 두 손을 얌전히 포개고 무릎을 꿇고 있는 여자를 형상화한 것이다. 여(女)는 여자 아이부터 여자의 심리를 나타내는 문자나 여성적인 성격·행위, 남녀의 관계 등에 다양하게 사용되고 있다. 여(女)가 부수인 한자의 많은 부분은 이러한 의미를 담고 있지만, 그렇지 않은 중요한 한자가 있다.

『주역』의 입장에서 여(女)는 십(十)과 일(一)로 풀이된다. 사대 남(男)이 십(十)에 대(大)으로 십(十)이 위주이면, 여(女)는 일(一)이 위주인 곤자리고 되겠다. 위의 여(女)는 여자가 굳세어 같은 것이며, 여자는 얼굴 본체로 굳은 것은 처음이 때문이다.

여(女)가 십(十)과 일(一)로 풀이되는 것을 간사할 간(姦)에서 확증할 수 있다. 간(姦)의 옛 한자에서는 간(奸)을 사용하여, 오른쪽 여(女)를 십(十)과 일(一)인 간(干)으로 쓰고 있는 것이다. 여자 세 사람이 모이면 간사해진다는 간(姦)의 풀이는 여자를 너무 비하하는 표현이지 않을 수 없다. 간(姦)은 하늘 님의 십(十)과 땅 님의 십(十)을 넘어서서 사람이 자신을 하늘이라고(十)

주장하는 것이 간사한 행위인 것으로 풀이되는 것이다.

같은 의미로 여(如)는 여(女)와 구(口)로 여자의 입은 같은 것이 아니라, 십(十)과 일(一)의 원리를 말하는 것은 누구나 같은 것이며, '여여(如如)하다'는 것은 진리가 드러나는 것을 설명할 때 사용하는 것으로 십(十)과 일(一)이 작용하고 있음을 의미하는 것이다.

묘(妙)는 어린 여자가 묘한 것 아니라 십(十)과 일(一)의 원리가 적어서 무엇이라 표현할 수 없는 오묘한 세계라는 뜻이다. 불교에서 부처를 '여래(如來)'라고 하는 것도 이러한 의미로 해석되어진다. 십(十)과 일(一)의 원리를 깨우친 존재가 온 것이다.

또 여(女)가 들어가는 한자를 보면, 위(威)는 별(丿)과 과(戈) 그리고 일(一)과 여(女)로 여자가 창을 들고 다스리는 것이 위엄이고, 망(妄)은 망(亡)과 여(女)로 여자가 망하는 것은 허망한 것으로 여(女)가 부정적인 이미지로 한자에 투영된 것을 다시 생각해 보아야 한다. 안(安), 연(宴), 타(妥) 등 모두 여(女)가 있어서 가능한 것이기 때문이다.

혼(婚)은 여(女)와 혼(昏)으로 요즘 일부 사람들이 이야기하는 결혼은 여자의 무덤이라고 해석할 수 있다. 그러나 혼(婚)은 여자가 어두워지는 것이 아니라 처녀의 삶을 마치고, 아내 혹은 어머니의 삶을 시작하기 때문에 어두워진다고 하였다. 여자가 결혼을 하고도 아가씨처럼 살려고 하는 요즘 세상에서 이 한자가 가지는 의미는 깊다고 하겠다.

이 외에 서(恕)는 여(如)와 심(心)으로 마음이 서로 같음을 알기 때문에 용서할 수 있는 것이고, 시(始)는 여(女)와 태(台)로 여자가 성장해야 잉태할 수 있어서 새로운 생명이 시작하기 때문에 '근원'·'근본'이라는 뜻을 가지고 있고, 위(委)는 화(禾)와 여(女)로 안방에 있는 여자에게 집의 곳간 열쇠를 맡기는 것으로 해석할 수 있다.

『주역』에서 여(女)는 군자를 의미하는 것으로 처도(妻道)로 표현하기도 하고, 땅을 대표하기 때문에 곤도(坤道)로 사용되어 "남녀가 바른 것이 천지의 위대한 뜻이다(남녀정 천지지대의야 男女正 天地之大義也)", "곤도(坤道)는 여자를 이루고(곤도성녀 坤道成女)" 등이라 하였다.

**한자읽기**

- 간사할 간(姦) = 女 + 女 + 女 : 하늘과 땅을 넘다.
- 간들 여(姁) = 女 + 口 : 십(十)과 일(一)의 말
- 위엄 위(威) = 丿 + 戈 + 一 + 女 : 십(十)과 일(一)의 드러남
- 편안할 안(安) = 宀 + 女 : 집안의 여자
- 혼인할 혼(婚) = 女 + 昏 : 처녀의 무덤
- 용서할 서(恕) = 如 + 心 : 같은 마음
- 처음 시(始) = 女 + 台 : 십(十)과 일(一)에서 시작
- 맡길 위(委) = 禾 + 女 : 곳간의 주인

자(子)는 머리가 크고 손발이 나긋나긋한 젖먹이 아이를 본뜬 모양으로 '아들'·'자식'의 뜻을 나타낸다. 흔히 '　　　　'자로 부르고 남자 아이를 의미하는 것으로 이해되고 있다.

유학의 경전에서는 자(子)의 사용이 아들과 딸을 구분할 때 사용하기 보다는 오히려 여자(女子)를 말할 때 사용하고 있다.

또 남자(男子)와 여자(女子)를 부를 때 자(子)가 동시에 들어가고, 정자(精子)와 난자(卵子)를 말할 때도 동시에 들어가　　자(子)의 의미로 사용되고 있다. 공자(孔子)·맹자(孟子)라고 하여 자(子)를 '선생님'의 뜻으로 사용하고 있다.

다르다고 하겠다. 이러한 것에 대한 분명한 인식이 없다면 한자의 본질적 가치를 왜곡하는 오류를 범하게 된다.

자(子)가 들어간 한자를 보면 이 점을 분명히 알 수 있다.

학(學)에서 자(子)는 어린 아이이지 사내 아이 만을 의미하지는 않는 것이고, 자(字)는 면(宀)과 자(子)로 집에서 아이가 공부하는 것은 글자이고, 효(孝)는 노(耂)와 자(子)로 젊은 자식이 늙은 부모님을 모시는 것이고, 손(孫)은 자(子)와 계(系)로 자식을 이어가는 것은 남녀의 일이기 때문에 자(子)의 의미로 쓰는 것은 지양되어야 할 것이다.

- 배울 학(學) = 크 2개 + 爻 + 冖 + 子 : 어린 아이가 책상에서 진리를 공부하다.
- 글자 자(字) = 宀 + 子 : 자식이 집에 있다.
- 효도 효(孝) = 耂 + 子 : 자식이 늙은이를 받들다.
- 자손 손(孫) = 子 + 系 : 자식을 이어가다.

집 면

　면(宀)은 사방이 지붕으로 씌워진 집을 형상화한 부수로 여러 가지 집이나 그 부속물, 집 안의 상태 등에 대한 한자에 사용되고 있다. 민 갓머리(冖)와 같이 갓머리(宀)로 불리는 것은 삿갓의 모양에서 붙여진 이름이다.

　갓머리와 민 갓머리의 차이는 바로 점 주(丶)가 있고 없음이다. 따라서 갓머리인 집 면(宀)은 하늘의 인격성이 있는 장소를 말하는 것으로 이해할 수 있다. 하늘의 사랑이 온전히 드러나는 곳이 집 가(家)로 면(宀)과 돼지 시(豕)가 합해져 있다. 시(豕)는 하늘의 사랑을 가지고 있는 감괘(坎卦)를 상징하는 동물이기 때문에 가정의 의미를 담고 있다. 뒤의 시(豕)에서 자세히 이야기하고자 한다. 기독교에서 천국(天國)은 다른 곳이 아니라 바로 가정(家庭)인 것이다.

　앞에서 나라 국(國)에는 창 과(戈)가 있고, 가(家)에는 시(豕)가 있는데, 이것은 바로 『주역』의 팔괘(八卦)에 근거한 것으로 건괘(乾卦)의 뜻을 대행하는 감괘(坎卦, 豕)는 가(家)에 있고, 곤괘(坤卦)의 뜻을 대행하는 이괘(離卦, 戈)는 국(國)에 있는 것으로 건곤(乾坤)의 원리가 드러나는 인격적 삶의 장이 가정과 국가라는 뜻이다.

택(宅)은 면(宀)과 　　　 탁(乇)이고, 　　 우(宇)는 면(宀)과 　　　 우(于)이고, 　　 궁(宮)은 면(宀)과 　　　 려(呂)이고, 　 실(室)은 면(宀)과 지(至)로 모두 집의 뜻이 들어 있는 형성(形聲)문자이다.

정(定)은 면(宀)과 정(正)으로 집에서 바르게 정한다는 뜻이고, 완(完)은 면(宀)과 원(元)으로 근원된 이치가 집에 있어야 완전해지고, 원(元)을 다시 분석하면 이(二)와 인(儿)으로 천지인(天地人) 삼재(三才)를 담고 있기에 근원이 되는 것이다.

또 위에서 이야기한 한자의 뜻을 통해서 면(宀)는 집의 의미와 함께 정해진 삶이나 공간을 의미한다고 하겠다. 우리의 삶은 정해진 것(하늘로부터 주어진 것)과 그 이외의 것(스스로의 노력에 의해 만들어가는 것)으로 구성되어 있다면, 면(宀)은 정해진 것을 의미하는 철학적 함의가 있다.

한자읽기

- 집 택(宅) = 宀 + 乇 : 몸을 의탁하는 곳
- 집 우(宇) = 宀 + 于 : 십(十)과 일(一)이 드러난 곳
- 집 궁(宮) = 宀 + 呂 : 하늘의 소리가 머무는 곳
- 집 실(室) = 宀 + 至 : 하늘과 땅이 만난 곳
- 정할 정(定) = 宀 + 正 : 바름이 있는 곳
- 완전할 완(完) = 宀 + 元 : 근원이 있는 곳

촌(寸)은 한 치 등 손가락의 마디를 통해 물건을 재다는 뜻과 손의 동작을 나타내는 부수라고 한다.

시(時)의 경우 대부분 시간(時間)으로 이해하고 있으나, 한자를 보면 일(日)과 토(土) 그리고 촌(寸)으로 하늘의 진리가 땅으로 드러나는 마디로 이해할 수 있다. 간(間)는 문(門)과 일(日)로 내 마음의 문으로 빛이 들어오는 것이다. 시간은 하늘의 뜻이 내 마음 속으로 들어오는 것이라 하겠다.

우리가 일반적으로 시간을 생각할 때, 과거(過去)-현재(現在)-미래(未來)로 규정하고 있으나, 과거는 지나가 버렸기 때문에 없고, 미래는 아직 오지 않았으니 없고, 현재는 과거와 미래가 만나는 것으로 과거도 없고 미래가 없으니 없는 것이고, 또 머무는 바도 없기에 없는 것이다.

따라서

은 깨우쳐야지, 시간을 물리적으로 헤아리는 것은 망념(妄念)이라 하겠다.
이에 삶의 근원적 의미에 대한 물음에 대한 답을 이 책은 한자와 주역에서
찾고자 노력한 것이다.

촌(寸)이 들어간 한자를 보면, 봉할 봉(封)은 토(土) 2개와 촌(寸)으로 '봉
지(封地)를 주다'의 뜻인데, 이는 땅에 대한 통치권한을 주는 것은 하늘의 지
배권을 주는 것이며, 이끌 도(導)는 도(道)와 촌(寸)으로 진리가 드러나는 마
디에 맞게 사람들을 인도하는 것이고, 오로지 전(專)은 이(二)와 충(虫) 그리
고 촌(寸)으로 음양(陰陽)이 만나서 그 작용이 절도에 맞게 전일(專一)하게 이
루어지는 것이고, 높을 존(尊)은 팔(八)과 닭 유(酉) 그리고 촌(寸)으로 하늘
의 소리를 전하는 닭이 절도있게 여덟로 작용하니 높은 것이다.

한자읽기

- 봉할 봉(封) = 圭 + 寸 : 홀로 절도(節度)를 내리다.
- 이끌 도(導) = 道 + 寸 : 절도(節度) 있게 길을 가다.
- 오로지 전(專) = 二 + 虫 + 寸 : 음양이 절도(節度) 있다.
- 높을 존(尊) = 八 + 酉 + 寸 : 하늘의 소리가 높다.

小

작은 소

작은 소(小)는 궐(亅)이 팔(八)을 나누고 있는 것으로 하늘의 작용이 여덟 개로 나누어져 작게 드러나는 의미를 담고 있다.

『주역』에서 소식(小兒)가 자신의 본성을 자각하는 수신(收身)의 일이라면, 대신(大身)은 본성을 자각하여 성(性)과 행하는 것이라 하겠다. 소(小)가 '작다'라는 현상적 의미뿐만 아니라 자신의 진실 내면을 의미한다.

작을 소(少)는 소(小)와 별(丿)로 작은 것을 다스린다는 의미이고, 뾰족할 첨(尖)은 소(小)와 대(大)로 큰 것에서 작은 것으로 뾰족해지는 것이고, 숭상할 상(尙)은 소(小)와 경(冂) 그리고 구(口)로 하늘의 뜻을 드러내는 사람을 숭상한다는 것이다. 무리 당(黨), 집 당(堂), 마땅할 당(當) 등의 위에 들어간 것은 모두 소(小)의 부수로 생각하기 쉽지만, 집 면(宀)과 팔(八)이다.

한자읽기

- 작을 소(少) = 小 + 丿 : 작음을 다스리다.
- 뾰족할 첨(尖) = 小 + 大 : 큼이 작아지다.
- 숭상할 상(尙) = 小 + 冂 + 口 : 하늘의 뜻을 담다.
- 마땅할 당(當) = 宀 + 八 + 口 + 田 : 한 사람이 먹는 밭

왕(尢)은 어른이 서 있는 모양인  대(大)에서 오른쪽 다리가 구부러진 것으로 '절름발이'의 뜻으로 사용되고 있다. 왕(尢)과 올(兀) 그리고 왕(㐌)은 모두 같은 의미를 가진 한자이다.

왕(尢)이 부수인 대표적인 한자인  우(尤)는 왕(尢)과 주(丶)로 하늘의 작용이 주저하기 때문에 '  우'로 불리기도 한다. 여기서 왕(尢)은 대(大)의 뜻과 통하여 오른쪽 삐침이 더 길게 늘어져 움직이는 모습이라고 하겠다.  방(尨)은 우(尤)와  삼(彡)으로 털이 더부룩하게 난 개를 뜻하고,  취(就)는 경(京)과 우(尤)로 하늘의 뜻을 사람이 작게 이루어가는 것이기 때문에 '나아가다'·'성취하다'로 해석되는 것이다.

**한자**읽기

· 더욱 우(尤) = 尢 + 丶 : 하늘이 머뭇거림
· 삽살개 방(尨) = 尤 + 彡 : 터럭이 많은 개
· 이룰 취(就) = 京 + 尤 : 하늘의 뜻을 이루어가다.

시(尸)는 죽어서 손발을 뻗고 있는 사람의 형상을 본뜬 것으로 인체나 가옥 등의 한자에 사용되고 있다.

척(尺)은 시(尸)와 별(丿)로 주검을 다스리는 것이 길이를 재는 자이고, 미(尾)는 시(尸)와 모(毛)로 털이 나 있는 짐승의 꼬리를 뜻하고, 국(局)은 시(尸)와 포(勹) 그리고 구(口)로 주검이 감싸고 있는 일정한 범위로 부서를 의미한다.

거(居)는 시(尸)와 고(古)로 예부터 돌아간 신위(神位)와 함께 살아가고 있다는 뜻이고, 옥(屋)은 시(尸)와 지(至)로 집은 살아가는 곳이지만 죽음이 늘 함께하는 곳이기 때문에 시(尸)가 들어 있다. 집 밖에서 죽는 것은 객사(客死)인데, 객사를 하면 죽은 이의 혼백(魂魄)이 집으로 돌아오지 못하고 거리의 귀신이 된다고 하여 꺼리는 것이다.

우리는 조문도 받지 못할 죽음을 경계하고, 죽어가는 일과 살아가는 일이 둘이 아니기 때문에 삶에 대한 성찰을 통해 지금을 바르게 사는 지혜가 필요한 것이다.

또한 벼슬 관(官)은 면(宀)과 시(尸) 그리고 방(匚)으로 관공서에서 죽음을 다스리는 일을 관리들이 한다고 해석할 수도 있고, 벼슬은 자신의 죽음을 생각하면서 해야 하는 것으로 생각할 수도 있다.


『주역』에서 시(尸)는 "무리가 혹 수레의 시동이 되면(사혹여시 師或輿尸)", "제가 수레를 주동하면(제사여시 弟子輿尸)"라고 하여, 어떤 일을 주관하는 시동(尸童)의 의미로 이야기하고 있다.


한자 안의 **한자**읽기

- 자 척(尺) = 尸 + 丿 : 죽음을 재다.
- 꼬리 미(尾) = 尸 + 毛 : 죽음의 터럭
- 밥 국(局) = 尸 + 勹 + 口 : 나의 죽음을 감싸다.
- 살 거(居) = 尸 + 古 : 오래된 죽음
- 집 옥(屋) = 尸 + 至 : 죽음이 이른 곳
- 벼슬 관(官) = 宀 + 尸 + 匚 : 죽음을 관리하는 집

철 철

철(屮)은 풀의 싹이 튼 모양을 본뜬 것으로 철(屮)을 나란히 놓은 초(艸)와 같은 의미를 담고 있다. 또 철(屮)은 왼손을 상징하고 있다.

앞에서 이야기한 것과 같이 왼손은 길이를 헤아리는 것으로 구의의 관
심에서 의미를 갖는 작용으로 이해된다. 풀이나 식물은 땅에 고정되어
있지만, 꼬박로 자라서 굽이의 의미를 담고 있으니. 시간의 변화 속에서
자신의 모습을 다르게 하기 때문에 하늘의 뜻을 그대로는 존재로 이해하는
것이다. 이것을 나타내는 것이 싹철(屮)이다.

반면에 동물은 가로로 기어 다니는 일(一)의 의미를 담고 있기 때문에 『맹자』에서는 사람이 횡행(橫行)하는 것은 짐승과 같이 타락한 모습으로 이야기하고 있다.

출(屮)은 철(屮)과 감(凵)으로 하늘로 벌린 땅에서 풀이 나오는 것이다.

한자읽기

출 동(屮) = 屮 + 凵 : 하늘로 나오다.

산(山)은 산의 모습을 본뜬 것으로 여러 종류의 산이나 산의 모양, 산의 이름 등을 나타내는 부수이다.

잠(岑)은 산(山)과 금(今)으로 지금 있는 산의 봉우리라는 의미이고, 악(岳)은 구(丘)와 산(山)으로 언덕이 많은 험한 산을 의미하고, 협(峽)은 산(山)과 협(夾)으로 산이 끼고 있는 것이 골짜기이고, 암(巖)은 산(山)과 엄(嚴)으로 산에 엄히 있는 것이 바위이다.

또 산(山)은 감(凵)과 곤(丨)으로 땅이 입을 벌리고 있는데 하늘이 내려온 것이고, 숭(崇)은 산(山)과 종(宗)으로 땅의 으뜸이 되는 가르침을 높이는 것이다.

마음이나 행동을 짐작하여 읽어낼 수 있다.

이런 것의 예시는 "사내(君)는 사람을 짐을 들어라고 여긴 마음은 집을 등에 
이야기 ... 마음(心)과 등(北)을 등(背)이라 하여, 사람의 마음에 있어서
는 등(背)은 임의 ... 여겨 지녀고 있다.

- 봉우리 잠(岑) = 山 + 今 : 지금 산
- 큰 산 악(岳) = 丘 + 山 : 험한 산
- 골짜기 협(峽) = 山 + 夾 : 산을 끼고 있다.
- 바위 암(巖) = 山 + 口 + 厂 + 敢 : 산을 이룬다.
- 높을 숭(崇) = 山 + 宗 : 산의 마루이다.

내 천

내 천(巛)은 수(水)가 흘러가는 모양을 형상화한 것으로 '개미허리 변'이라고 부르기도 한다. 천(巛)의 본(本)자는 내 천(川)이다.

순(巡)은 천(巛)과 착(辶)으로 물이 가고 멈추면서 돌아가는 것이고, 소(巢)는 천(巛)과 일에 과(果)로 나무 위에 집을 지은 형상을 본뜬 것으로 새의 보금자리를 말하고 있다.

재앙 재(災)는 천(巛)과 화(火)로 물과 불은 사람의 삶에 반드시 필요한 것이지만 올바로 사용하지 못하면 재앙이 되는 것이다. 역사적으로 재앙은 물과 불로 온다고 하였다. 먼저의 재앙은 우임금이 치산치수(治山治水)를 한 기록이나 기독교의 '노아의 방주' 등을 통해 물에 의한 재앙이 있었음을 알 수 있고, 다음의 재앙은 불의 심판이라는 의미다.

『주역』「중화이괘」에서는 "구사(九四)는 돌연히 오는 것 같은 것이라 불사르는 것이니 죽는 것 같고 버리는 것 같다(구사 돌여기래여 분여 사여 기여 九四 突如其來如 焚如 死如 棄如)"라고 하여, 불의 심판(審判)을 말하고,「중산간괘」에서는 "구삼(九三)은 그 허리에서 그치는 것이라 그 등뼈에서 배열하니 위태로움이 마음을 태우는 것이다(구삼 간기한 열기인 려훈심 九三 艮其限 列其夤 厲 薰心)"라고 하여, 마음을 애태우는 것을 이야기하고 있다.

『주역』에서는 "대천을 건넘이 이롭다(이섭대천 利涉大川)", '산천(山川)'이라고 하여, 앞에 놓여진 큰 장애물 내지 반드시 건너가야 할 과제로 이야기하고 있다.

- 돌 순(巡) = 辶 + 巛 : 물이 흐르다가 멈춤
- 새집 소(巢) = 巛 + 果 : 나무위의 집
- 재앙 재(災) = 巛 + 火 : 물과 불

장이 공

공(工)은 장인이 사용하는 공구를 본뜬 모양이라 한다.

공(工)이 들어간 한자를 보자.

공(攻)은 공(工)과 복(攵)으로 다스려서 하늘과 땅을 연결시킨다는 의미이고, 공(空)은 혈(穴)과 공(工)으로 구멍이 비어있다는 뜻으로 형성문자이다.

좌(左)는 일(一)과 별(丿) 그리고 공(工)으로 땅의 이치를 다스려서 하늘과 땅을 이어준다는 의미이고, 우(右)는 일(一)과 별(丿) 그리고 구(口)로 땅의 이치를 다스려 사람이 사용하도록 한다는 의미이다. 앞의 우(又)에서 이야기한 바와 같이 왼손은 하늘의 뜻을 헤아리는 손이고, 오른손은 바르게 일을 하는 손이란 의미이다.

공(功)은 공(工)과 력(力)으로 하늘의 뜻을 땅에 전달하는데 힘을 쓰는 것이 공이 되는 것이다. 무당 무(巫)는 직접적으로 공(工)의 의미를 살리고 있다. 사람이 가운데에서 하늘과 땅의 뜻을 연결시키고 있는 것이다. 그래서 고대 사회에서 무당은 원래 하늘의 소리를 사람들에게 전하는 일을 담당하였던 것이다. 이바지 할 공(貢)은 공(工)과 패(貝)로 하늘의 뜻을 땅에 이어서 경제적인 활동이 이루어지는데 이바지 하는 것이다.

한자 안의 **한자**읽기

- 칠 공(攻) = 工 + 攵 : 하늘과 땅을 치다.
- 빌 공(空) = 穴 + 工 : 비워야 연결된다.
- 왼 좌(左) = 一 + 丿 + 工 : 하늘을 헤아리다.
- 공 공(功) = 工 + 力 : 힘을 쓰다.

몸기

기(己)는 사람이 무릎을 꿇은 모양에서 형상화한 부수로, 자기 몸·자아의 의미이며, 여섯째 천간 기(己)이다.

자기 자신을 나타내는 한자로 나 아(我), 나 오(吾), 나 여(余)가 있다. 여기서 몸 기(己)는 천간에서 십(十)으로 하늘의 입장에서 근원적인 자기 자신을 뜻한다면, 나 아(我)는 이괘(離卦)를 상징하는 창 과(戈)가 있어서 땅의 입장에서 나이고, 나 오(吾)는 사람의 인격성을 상징하는 '오(五)의 이치를 깨우친 나'로 사람의 입장이고, 나 여(余)는 사람 인(人)과 이(二) 그리고 궐(亅)과 팔(八)로 천지와 인이 모두 들어있는 것으로 해석된다.
또 기(己)는 고칠 이(已)나 여섯째 지지 사(巳)와 비슷하여 혼돈하기 쉽기 때문에 주의해야 한다.

기(己)가 들어간 한자를 보면, 꺼릴 기(忌)는 기(己)와 심(心)으로 마음에서 조심하여 꺼리는 것이고, 고칠 개(改)는 기(己)와 칠 복(攵)으로 자기의 근원적 마음을 다스려 고치는 것이고, 기록할 기(記)는 말씀 언(言)과 기(己)로 십(十)의 원리를 말씀으로 기록하는 것이고, 벼리 기(紀)는 실 사(糸)와 기(己)로 하늘의 작용에 근거하는 것이다.

『주역』에서는 이기(己己), 기사(己巳), 기일(己日) 등으로 사용하여, 자기 몸이 아니라 하늘의 뜻을 상징하는 십(十)의 의미로 사용하고 있다.

- 나 아(我) = 扌 + 戈 : 창을 들고 있는 나
- 나 오(吾) = 五 + 口 : 본성을 자각한 나
- 나 여(余) = 人 + 二 + 亅 + 八 : 천지와 인이 작용하는 나
- 꺼릴 기(忌) = 己 + 心 : 하늘의 마음
- 고칠 개(改) = 己 + 攵 : 스스로를 다스리다.
- 기록할 기(記) = 言 + 己 : 하늘을 말하다.
- 벼리 기(紀) = 糸 + 己 : 하늘의 작용에 근거하다.

巾

수건 건

수건 건(巾)은 헝겊에 끈을 달아 허리띠에 찔러 넣은 형상으로서 헝겊의 뜻이나, 천으로 만든 것들을 나타내는 한자의 부수로 쓰이고 있다.

대표적으로 배 포(布)는 일(一)과 별(丿) 그리고 건(巾)이고, 비단 백(帛)은 백(白)과 건(巾)으로 옷감에 사용되고, 휘장 첩(帖)은 건(巾)과 점(占)이고, 띠 대(帶)는 받쳐들 입(廿)과 인(儿) 그리고 멱(冖)과 건(巾)이고, 장막 막(幕)은 초(艹)와 왈(曰), 대(大) 그리고 건(巾)으로 천으로 만든 물건에 사용되고 있다.

그런데 건(巾)이 부수로 사용된 드물 희(希)와 스승 사(師), 장수 수(帥), 임금 제(帝), 떳떳할 상(常) 등에는 헝겊이나 천의 의미가 없다.

『주역』에서 건(巾)은 경(丨)과 급(冂)이 만난 것으로 경(丨)은 일정한 구역을 나타내기도 하지만 근본적으로 위(冂)이고, 급(冂)은 하늘의 같은 작용이기 때문에 위(冂)을 일관하는 것으로 중(中)과 같은 의미를 담고 있다.

많이 사용하는 한자는 아니지만 건(巾)에 일(一)이 붙은 두를 잡(帀)은 한 바퀴를 빙 돌아 두른다는 의미를 가지고 있는데, 이것이 건(巾)의 근본적 의

116

미를 대표하고 있다.

　희(希)는 십(乂)과 일(一), 별(丿) 그리고 건(巾)으로 하늘을 상징하는 십(十)과 그 작용인 일(一)을 다스리는 사람은 매우 드물다는 의미이고, 사(師)는 주(丶)와 시(尸), 방(匚) 그리고 일(一)과 건(巾)으로 죽음을 통해 일(一)과 십(十)의 원리를 아는 사람이 스승이 되는 것이다.

　제(帝)는 립(立)과 건(巾)으로 십(十)을 인격적으로 세운 것이 상제(上帝)인 것이고, 상(常)은 면(宀)과 팔(八), 구(口) 그리고 건(巾)으로 집에서 십(十)의 원리를 말하는 사람이 떳떳한 것이다.

한자 안의 **한자**읽기

- 베 포(布) = 一 + 丿 + 巾 : 하늘을 다스리다.
- 비단 백(帛) = 白 + 巾 : 몸을 감다.
- 드물 희(希) = 十 + 布 : 십(十)과 일(一)을 다스리다.
- 스승 사(師) = 丶 + 尸 + 匚 + 帀 : 죽음과 십일을 알다.
- 임금 제(帝) = 立 + 巾 : 십을 세우다.
- 떳떳할 상(常) = 宀 + 八 + 口 + 巾 : 항상 십을 말하다.

방패 간

간(干)은 끝이 갈라진 무기를 형상화한 것으로 '막다'·'범하다' 등의 뜻이 있다고 하지만, 간(干)을 제외하고는 이러한 의미를 찾기가 어렵다.

간(干)은 형상만 본뜬 것으로 일(一)과 십(十)으로 분석되어 그 의미는 하늘과 땅의 작용을 상징하고 있는 것이다. 또 천간 간(干)으로 일(一)에서 십(十)까지 수리(數理)를 표상하고 있다.

먼저 간지(干支)에서 천간(天干)의 철학적 의미를 이야기해 보면, 갑(甲)은 구(口)와 십(十)으로 씨가 껍질을 쓰고 있는 모습이고, 을(乙)은 씨가 싹이 터져 나오려고 몸부림치는 것이다. 갑은 삼(三)이고 을(乙)은 팔(八)로 오행에서 목(木)에 해당되어 만물이 시생(始生)하는 의미를 담고 있다.

병(丙)은 일(一)과 인(人) 그리고 경(冂)으로 껍질을 벗고 나오는 사람의 모습이고, 정(丁)은 아래의 껍질을 벗고 위로 솟아오르는 모습이다. 병(丙)은 이(二)이고 정(丁)은 칠(七)로 오행의 화(火)에 해당되어 만물이 약동(躍動)하는 의미를 가지고 있다.

무(戊)는 별(丿)과 창 과(戈)로 땅 위에 솟아오른 것이 이제 무성하게 되는 것이고, 기(己)는 그대로 하늘의 뜻을 담고 있다. 무(戊)는 오(五)이고 기(己)는 십(十)으로 오행의 토(土)에 해당되어 만물의 중심이 되는 의미를 담고 있다.

경(庚)은 엄(广)과 계(ㅋ) 그리고 인(人)으로 하늘의 인격성이 드러난 큰 집에서 사람을 잡고 있는 것이고, 신(辛)은 립(立)과 십(十)으로 십을 온전히 세우고 있는 것이다. 경(庚)은 사(四)이고 신(辛)은 구(九)로 오행의 금(金)에 해당되어 만물이 이제 결실을 맺고 있는 의미를 담고 있다.

임(壬)은 별(丿)과 사(土)로 십(十)과 일(一)의 원리를 다스리는 것이고, 계(癸)는 발(癶)과 천(天)으로 하늘이 완전히 피어나는 것이다. 임(壬)은 일(一)이고 계(癸)는 육(六)으로 오행의 수(水)에 해당되어 만물이 자신을 감추는 의미를 담고 있다.

이상에서 천간(天干)은 만물의 성장을 통해 『주역』의 천지인(天地人) 삼재지도(三才之道)의 작용을 논하고 있음을 알 수 있다. 십이지지(十二地支)는 지(支)에서 이야기하고자 한다.

간(干)이 들어간 한자를 보면, 간(刊)은 간(干)과 도(刂)로 칼로 조각하여 책을 펴내고, 간(幹)은 인(人)과 간(干)으로 천지인(天地人) 삼재는 사람이 살아가는 줄기가 된다는 것이다. 년(年)도 인(亠)과 간(干)으로 진리를 자각한 성인에 의해서 간(干)이 드러나는 것이 1년 365일의 날이라는 의미라 하겠다.

**한자**읽기

- 평평할 평(平) = 干 + 八 : 팔로 공평하게 하다.
- 줄기 간(幹) = 十 + 日 + 人 + 干 : 일의 줄기
- 책 펴낼 간(刊) = 干 + 刂 : 칼로 조각하다.
- 해 년(年) = 亠 + 干 : 사람이 헤아리다.

작을 요

요(幺)는 실의 끝을 상형한 것으로 '작다'·'희미하다'의 뜻을 지니고 있다.

유(幼)는 요(幺)와 력(力)으로 힘이 작은 어린 아이를 뜻하고, 유(幽)는 요(幺) 2개와 산(山)으로 사람들이 산속에 숨어 '피하다'·'멀다'·'어둡다'라는 뜻으로 사용된다. 현(玄)은 두(亠)와 요(幺)로 하늘의 뜻이 드러남이 작아서 가물가물하다는 뜻인데, 여기서 요(幺)가 하늘의 작용성임을 생각할 수 있다. 그래서 유(幽)도 하늘의 작용이 산에 숨어 있기 때문에 죽음의 세계인 명계(冥界)를 유계(幽界)라고 한다. 이와 대응되게 밝은 삶의 세계는 명계(明界)라고 한다. 『주역』에서는 유인(幽人)이라고 하여, 산 속에 숨어있는 군자(君子)로 풀이된다.

또 하늘의 작용은 4마디로 드러나는데, 이것을 『주역』에서는 '사상(四象)' 작용이라고 한다. 단(斷)은 요(幺) 4개와 이(二) 그리고 근(斤)으로 도끼의 날카로움으로 하늘의 작용을 4가지로 끊어서 음양이 합덕하는 의미를 담고 있다. 무엇을 쪼개고 절단하는 것은 그것을 파괴하는 것이 아니라 사용하기 위한 행위인 것이다.

요(幺)가 4개 들어간 이을 계(繼)는 실 사(糸)와 요(幺) 4개 그리고 이(二)로 작고 가는 실은 하늘의 사상 작용을 계속 이어주는 것이다. 기미 기(幾)는 요(幺) 2개와 창 과(戈) 그리고 인(人)으로 하늘의 작용은 작고 작지만 사람이 창을 통해 그 기미를 파악한다는 의미이다. 여기서 과(戈)는 단순히 창의 의미가 아니라 땅의 뜻을 대행하는 이괘(離卦)를 상징하고 있다. 기틀 기(機)는 목(木)과 기(幾)로 하늘의 기미가 나무를 기틀로 만든 것이다.

한자 안의 **한자**읽기

- 어릴 유(幼) = 幺 + 力 : 힘이 작다.
- 그윽할 유(幽) = 幺 + 幺 + 山 : 산에 숨다.
- 가물할 현(玄) = 亠 + 幺 : 하늘의 작용이 작다.
- 끊을 단(斷) = 二 + 幺 + 斤 : 작게 4개로 절단하다.
- 이을 계(繼) = 糸 + 二 + 幺 : 작게 4개를 잇다.
- 기미 기(幾) = 幺 + 人 + 戈 : 작은 작용

큰 집 엄

큰 집 엄(广)은 집의 덮개인 지붕의 모양을 상형한 것으로 건축물을 나타내는 부수이다.

대표적인 것을 이야기하면, 창고인 곳집 부(府)는 엄(广)과 인(亻) 그리고 촌(寸)으로 사람들이 모여 사는 마을의 큰 집으로 관청이나 고을 등의 뜻을 가지고 있고, 뜰 정(庭)은 엄(广)과 관정 정(廷)으로 관공서의 마당과 집 안의 마당으로 쓰이고, 자리 좌(座)는 엄(广)과 앉을 좌(坐)로 사람이 앉아 있는 집이라는 뜻이고, 용(庸)은 엄(广)과 계(크) 그리고 용(用)으로 큰 집에서 손으로 사용한다는 것이고, 사당 묘(廟)는 엄(广)과 아침 조(朝)로 아침 일찍 찾아가는 큰 집이 사당이라는 뜻이다.

이와 같이 엄(广)이 들어간 한자가 대부분 집이라는 뜻을 가지고 있지만, 우리가 많이 사용하는 법도 도(度), 차례 서(序), 넓을 광(廣) 등에서는 이러한 뜻을 찾을 수 없다.

부수에서 읽어 가을이 집(广)과 많이만 분석되어, 한자의 뜻이 드러나는 것

122

을 다스린다는 의미로 해석된다.

법도 도(度)는 엄(广)과 입(廿) 그리고 우(又)로 이십(二十)인 뜻을 손으로 잡아 다스려서 사람이 살아갈 수 있도록 만들어 놓은 것이 법도(法度)라는 뜻이고, 차례 서(序)는 엄(广)과 나 여(予)로 나를 하늘의 뜻으로 다스리는 것이 차례이고 질서로 해석되고, 넓을 광(廣)은 엄(广)과 누를 황(黃)으로 누렇게 펼쳐지는 곤도(坤道)를 하늘의 뜻에 맞게 다스리는 것이 넓은 것이다.

청렴할 렴(廉)은 엄(广)과 겸할 겸(兼)으로 겸손한 마음으로 하늘의 뜻에 따르는 것이 청렴한 것이다.

앞의 굴 바위 엄(厂)에서 이야기한 것과 같이 하늘을 뜻하는 주(丶)가 있는 것이 엄(广)으로 사람이 하늘의 뜻에 순응하여 살아가는 집이라는 의미라고 하겠다.

뜰 정(庭)에서 민 엄(厂)이 아니라 엄(广)이 들어 있는데, 엄(厂)이 자연 상태의 굴 바위라면 엄(广)은 주(丶)가 내려와 있는 인격적 세계를 의미하는 것이다.

한자 안의 한자읽기

- 곳집 부(府) = 广 + 亻 + 寸 : 사람이 절도 있다.
- 뜰 정(庭) = 广 + 廷 : 조정의 뜰이다.
- 자리 좌(座) = 广 + 坐 : 큰 집에 앉아 있다.
- 쓸 용(庸) = 广 + 크 + 用 : 큰 집에서 쓰다.
- 법도 도(度) = 广 + 廿 + 又 : 큰 집에서 이십을 잡다.
- 차례 서(序) = 广 + 予 : 나의 집
- 넓을 광(廣) = 广 + 黃 : 누른 큰 집

길게 걸을 인(廴)은 발을 길게 떼어 놓고 걷는 것을 형상화한 것이다.

끌 연(延)은 인(廴)과 정(正)으로 길게 늘어진 길을 똑바로 가다는 의미이고, 조정 정(廷)은 인(廴)과 밭갈 임(壬)으로 선비들이 다스려 길게 끌고 가는 곳이 조정이며, 세울 건(建)은 인(廴)과 붓 율(聿)로 음양이 합덕된 것을 잡아서 길게 하는 것이 세우는 것이고, 돌 회(廻)는 인(廴)과 돌 회(回)로 돌고 돌아서 가는 것을 의미하고 있다.

또 인(廴)은 민 책받침으로 불리면서 책받침인 착(辶)과 한 묶음으로 불리었다. 인(廴)이 행(行)의 왼쪽인 척(彳)을 길게 늘인 것이라면, 착(辶)은 척(彳)과 지(止)이다. 그래서 인(廴)이 늘어지다, 가다의 의미라면, 착(辶)은 가고 그치는 의미를 가지고 있다.

한자 안의 **한자**읽기

- 끌 연(延) = 廴 + 正 : 정도를 끌다.
- 조정 정(廷) = 廴 + 壬 : 선비를 끌어 다스리다.
- 세울 건(建) = 廴 + 聿 : 붓을 끌다.
- 돌 회(廻) = 廴 + 回 : 돌리고 돌리다.

받드는 입

받드는 입(廾)은 양손을 받드는 모양을 형상하여 '받들다'는 뜻을 나타내고, 입(廾)으로 쓰이기도 한다.

주역의 입장에서 보면, 입(廾)은 그대로 이십(二十)을 의미하여, 하늘의 십(十)과 땅의 십(十)이 완전히 하나로 묶어져 작용하는 것으로 한자의 아랫부분에 위치한다. 또 입(廾)은 변(丿)과 십(十)으로 하늘의 뜻을 다스린다고 할 수 있다.

고깔 변(弁)은 사(厶)와 입(廾)으로 양손으로 고깔을 쓰고 있는 모습을 형상화한 것이다. 해질 폐(弊)는 해지고 깨진다는 폐(敝)에 입(廾)이 들어 있는 것이다.

· 고깔 변(弁) = 厶 + 廾 : 이십(二十) 나에게 오다.
· 해질 폐(弊) = 敝 + 廾 : 이십이 해지다.

주살 익

　주살 익(弋)은 작은 가지에 나무 받침대를 받친 형태를 본뜬 것이다.

　법 식(式)은 익(弋)과 공(工)으로 주살을 통해 천명을 자각하여 하늘과 땅을 연결시키는 것이 법이라 하겠고, 죽일 시(弑)는 죽일 살(殺)의 오른쪽이 수(殳)에서 법 식(式)으로 바뀐 것으로 아랫사람이 윗사람을 죽이는 것을 말한다.

　『주역』의 입장에서 주살은 활과 같이 하늘을 나는 새를 잡는 기구로, "공이 주살로 저 구멍에 있는 것을 취하는 것이다(공익취피재혈 公弋取彼在穴)"라고 하여, 주살을 가지고 구멍 속에 들어 있는 천명(天命)을 얻는 것으로 이야기하고 있다.

한자 안의 한자읽기

- 법 식(式) = 弋 + 工 : 하늘과 땅을 연결시키다.
- 굳셀 무(武) = 一 + 弋 + 止 : 하나의 천명(天命)을 잡다.
- 죽일 시(弑) = ㄨ + ㇀ + 木 + 式 : 하늘의 뜻으로 법을 집행하다.
- 죽일 살(殺) = ㄨ + ㇀ + 木 + 殳 : 하늘의 뜻을 잡다.

弓 궁

궁(弓)은 활의 모양을 형상화한 것으로 여러 종류의 활이나 활에 딸린 것, 또 활에 관한 동작과 상태를 나타내는 한자에 사용하고 있다.

대표적으로 활시위 현(弦)은 궁(弓)과 현(玄)이고, 베풀 장(張)은 궁(弓)과 장(長)으로 소리와 의미를 합한 한자이고, 당길 인(引)은 궁(弓)과 곤(丨)으로 활을 당긴다고 해석된다.

궁(弓)은 활의 모양이라 할 수도 있지만, 궁극적으로 하늘의 작용을 나타낸다고 하겠다. 그래서 오랑캐 이(夷)는 대(大)와 궁(弓)으로 큰 활을 사용하는 오랑캐가 아니라, 동방 이(夷)로 불리고 온화하고 평안하다는 뜻이 있기 때문에 하늘의 작용이 위대하게(大) 드러난다고 해석해야 한다.

오랑캐 이(夷)로 지칭하는 것은 사마천(司馬遷)의 『사기(史記)』가 대표적인데, 이는 한대에 한족(漢族)의 민족의식이 강하게 대두되면서 자신들은 중화(中華)이고, 사방(四方)의 이민족을 오랑캐로 규정한 것에서 정식화되었다.

또 궁(弓)이 들어간 한자를 보면, 조상한 조(弔)는 궁(弓)과 곤(丨)으로 활을 당기는 것이 아니라 하늘로 돌아간 죽은 사람에게 애도를 표현하는 것이고, 넓을 홍(弘)은 궁(弓)과 사(厶)로 하늘의 작용으로 나의 활동을 넓게 하는 것이고, 아우 제(弟)는 팔(丷)과 조(弔) 그리고 별(丿)로 아우는 여덟으로 하늘의 작용을 다스리는 것이고, 도울 필(弼)은 하늘의 작용인 백(百)을 양쪽에서 도와주는 것이다.

몸 궁(躬)은 자기 자신을 나타내는 것으로 자기 몸이 작용하는 것이고, 다할 궁(窮)은 하늘의 뜻이 드러나는 공간인 구멍에서 자기 자신의 몸의 작용을 다하는 것이다.

약할 약(弱)은 궁(弓)과 이(二)로 이(二)는 짝수이자 음수(陰數)로 곤도(坤道)를 상징하기 때문에 약하고 부드러운 것이고, 강한 강(強)은 궁(弓)과 구(口) 그리고 충(虫)으로 하늘의 작용이 넓고 강하다는 의미이며, 여기서 충(虫)은 하늘의 작용을 상징하는 것으로 건도(乾道)를 의미하기 때문에 강하다고 하였다.

한자 안의 **한자**읽기

- 활시위 현(弦) = 弓 + 玄 : 활을 당기다.
- 베풀 장(張) = 弓 + 長 : 활을 길게 하다.
- 조상할 조(弔) = 弓 + 丨 : 활을 뚫다.
- 넓을 홍(弘) = 弓 + 厶 : 나를 당기다.
- 도울 필(弼) = 弓 + 百 : 당겨서 돕다.
- 몸 궁(躬) = 身 + 弓 : 하늘과 하나가 되다.
- 약할 약(弱) = 弓 + 二 : 땅의 작용이다.
- 강할 강(強) = 弓 + 厶 + 虫 : 하늘 작용이다.

돼지머리 계

돼지머리 계(⺕)는 고사상의 돼지머리의 모양을 본떴지만, 사람의 손을 의미한다. '터진 가로 왈'로 계(彑)와 계(⺕) 등의 모양으로 사용된다.

다스릴 윤(尹)은 별(丿)과 계(⺕)로 지휘봉을 들고 다스린다는 뜻이고, 판단할 단(彖)은 계(彑)와 돼지 시(豕)로 돼지가 이빨로 절단하는 것과 같이 정확한 판단을 의미하고, 지혜 혜(慧)는 예쁠 봉(丰) 2개와 계(⺕), 심(心)으로 천지인(天地人) 삼재를 손으로 잡고 있는 것이 지혜라 하겠다.

여·더불어 여(輿)는 계(⺕) 2개와 그칠 지(止)와 팔(八)로 양손으로 그침(止)을 잡아서 여덟으로 주는 것이고, 흥할 흥(興)은 계(⺕) 2개와 한 가지 동(同), 일(一)과 팔(八)로 양 손으로 같은 것을 잡고 쓰는 것이다.

한자 안의 **한자**읽기

· 다스릴 윤(尹) = ⺕ + 丿 : 잡아서 다스리다.
· 판단할 단(彖) = 彑 + 豕 : 돼지가 끊다.
· 지혜 혜(慧) = 丰 + ⺕ + 心 : 천지인을 일관하여 잡는 마음.
· 더불어 여(輿) = ⺕ + 止 + 八 : 양손으로 잡고 있다.
· 흥할 흥(興) = ⺕ + 同 + 一 + 八 : 한 마음으로 일어나다.

터럭 삼

삼(彡)은 길게 흐르는 숱지고 윤기나는 머리를 본뜬 것으로 '긴 머리'·'무늬'·'꾸미다' 등의 뜻을 나타내고 있다.

길게 자란 아름다운 머리를 닮아서 터럭 삼(彡)이지만, 주역의 입장에서 그 직접 그을 매식하게 취한 것으로 건식만 시대지 실취식느 그그과가 드러난 모습으로 이해할 수 있다. 삼그이 부그터 문제 그의 뜻을 가지고 있는데, 이것은 하늘의 문제인 천보 그이 사람의 세상에 나타나는 것이기 배문에 사람이 머리로 아는 서이된 것으로 생기된다.

삼(彡)이 부수인 한자에서 형상 형(形)은 일(一)과 입(卄) 그리고 삼(彡)으로 하늘이 이십(二十)으로 드러나는 무늬가 형상인 것이다. 형(形)은 『주역』에서 형이상(形而上)과 형이하(形而下)를 나누는 기준이 되는 중요한 개념으로 단순히 물체의 형상을 말하는 것이 아니라, 사람의 마음이 드러남을 뜻하는 것이다.

무늬 채(彩)는 손톱 조(爫)와 목(木) 그리고 삼(彡)으로 손으로 신도(神道)를 헤아려서 드러내는 것이 무늬이고, 새길 조(彫)는 두루 주(周)와 삼(彡)으로 두루 두루 문채가 나게 하는 것이 새기고 꾸미는 것이다.

　　밝을 창(彰)은 빛날 장(章)과 삼(彡)으로 천문이 드러나는 빛(章)이 삼재지도(三才之道)로 밝게 되는 것이고, 반대로 그림자 영(影)은 빛 경(景)과 삼(彡)으로 물체가 빛을 받아서 물체와 마주보듯이 생기는 문채가 그림자라고 하겠다.

- 형상 형(形) = 一 + 廾 + 彡 : 하늘이 드러나다.
- 무늬 채(彩) = 采 + 彡 : 신도(神道)가 드러나다.
- 새길 조(彫) = 周 + 彡 : 무늬를 두루 나게 하다.
- 밝을 창(彰) = 章 + 彡 : 문장이 빛나다.
- 그림자 영(影) = 景 + 彡 : 빛남이 드리우다.

조금걸을 척

척(彳)은 행(行)의 왼쪽으로 두 사람이 서 있는 모습이기 때문에 '두인변'으로도 불린다. 척(彳)은 두 사람이 가는 것으로 음양(陰陽)이 서로 만나서 작용한다는 뜻과 '길을 가다'·'일을 실천하다'는 의미를 가지고 있다.

왕(往)은 척(彳)과 주(主)로 주인이 가는 것 즉, 하늘이 작용하는 것을 뜻하고, 왕(往)과 함께 쓰이는 래(來)는 인(人)과 목(木)으로 사람이 신도(神道)를 실천하는 것을 의미하고 있다.

'주역'에서 왕래(往來)는 음이 작용할 때 어느 한 쪽이 사람에게 대하는 것은 왕(往)이라 하고, 왕(往)은 떠나가는 것이 되고, 오(吳)이라 하며, 작용이 하늘의 뜻에 나아가는 것은 래(來)라 하고, 래(來)를 얻는 것은 가슴속의 (성)이라고 한다. 왕래(往來)와 순역(順逆)은 하늘과 인간의 관계를 풀이대는 핵심적 개념으로 높이 아닌 입체적인 입장에서 이해해야 한다.

또 정(征)은 척(彳)과 정(正)으로 바르게 가는 것이고, 이것이 확장되어 정벌(征伐)하는 것의 정(征)으로 쓰이고, 대(待)는 척(彳)과 문서기 시(寺)로 두 사람이 문을 지키면서 기다린다는 의미이다. 참고로 시(寺)를

'　　사'로 부르는데, 『주역』에서는 '혼시(闇寺)'라고 하여, 성인이 밝힌 진리를 지키는 군자로 이야기하고 있다.

　　　　　률(律)은 척(彳)과 율(聿)로 음양이 만난 것을 손으로 잡고 두 사람이 실천해야 하는 것이 법률이라는 뜻이고, 　　후(後)는 척(彳)과 요(幺) 그리고 치(夂)로 두 사람이 작게 뒤져오는 것을 뒤라고 하겠다.

　　　　　득(得)은 척(彳)과 일(日) 그리고 일(一), 촌(寸)으로 빛이 일태극(一太極)의 마디를 통해 드러나는 것을 두 사람이 실천하여 자득(自得)으로 스스로 얻는 것이다. 　　종(從)은 척(彳)과 인(人) 2개 그리고 지(止)로 두 사람이 멈춰서 다른 두 사람이 실천하는 것을 쫓아가는 것이라 하겠다.

한자읽기

　　　　　　= 彳 + 主 : 하늘이 가다.
　　　　　　= 彳 + 正 : 가서 바르게 하다.
　　　　　　= 彳 + 寺 : 가서 지키다.
　　　　　　= 土 + 寸 : 땅의 마디.
　　　　　　= 彳 + 聿 : 가서 하늘을 잡다.
　　　　　　= 彳 + 日 + 一 + 寸 : 하늘의 한 마디를 얻다.
　　　　　　= 彳 + 人 + 止 : 가서 사람을 바르게 하다.

心
마음 심

　마음 심(心)은 3개의 점 주(ヽ)와 한 개의 새 을(乙)로 구성되어, 네 개로 작용하는 마음의 의미를 담고 있다. 또 심(心)에서 하나는 길게 나머지 3개는 짧게 표현한 것은 사람마다 마음 작용이 다르다는 것을 의미한다.

　심(心)이 들어간 대표적인 한자로 사람의 생각을 나타내는 사(思), 상(想), 념(念) 등이 있다. 사(思)는 밭 전(田)과 심(心)으로 사람의 마음 밭이라는 의미이고, 상(想)은 서로 상(相)과 심(心)으로 마음을 서로 나누는 것이고, 념(念)은 이제 금(今)과 심(心)으로 지금의 마음이다. 마음에 과거가 있고, 현재가 있고, 미래가 있다는 생각은 망념(妄念)으로, 념(念)은 영원한 현재인 순간(瞬間)의 마음이라는 의미이다.

　또 심(心)이 들어간 사람의 뜻을 나타내는 한자로 뜻 정(情), 뜻 의(意), 뜻 지(志) 등이 있다. 정(情)은 심(忄)과 청(靑)으로 푸른 마음이고, 의(意)는 설립(立)과 날 일(日) 그리고 심(心)으로 하늘을 세운 마음이고, 지(志)는 십(十)과 일(一) 그리고 심(心)으로 십일(十一)의 마음으로 풀이된다. 천지인(天地人) 삼재의 구조에서 정(情)은 인도(人道)의 입장이고, 의(意)는 천의(天意)로 천도(天道)의 입장이고, 지(志)는 십(十)인 하늘이 일(一)로 작용하기 때문에 지도(地道)의 입장이다.

반드시 필(必)은 심(心)과 별(丿)로 내 마음을 다스리는 것은 반드시 필요하다는 의미이고, 잊을 망(忘)은 망할 망(亡)과 심(心)으로 마음을 잃어버린 것이니 잊는 것이고, 성낼 분(忿)은 나눌 분(分)과 심(心)으로 마음이 본성과 분리되었기 때문에 화를 내는 것이다. 이외에도 심(忄)이 들어간 한자는 이러한 의미를 가지고 이해하면 도움이 될 것이다.

또 『주역』에서 심(心)은 "천지의 마음을 본다(견천지지심 見天地之心)", "사람의 마음에 감응한다(감인심 感人心)", "명이(明夷)의 마음을 획득하다(획명이지심 獲明夷之心)", "마음을 씻다(세심 洗心)" 등으로 사용하여, 사람뿐만 아니라 천지(天地)의 마음으로 이야기하고 있다.

- 생각 사(思) = 田 + 心 : 마음의 밭
- 생각 상(想) = 相 + 心 : 서로의 생각
- 생각 념(念) = 今 + 心 : 지금의 마음
- 뜻 정(情) = ↑ + 靑 : 푸른 마음
- 뜻 의(意) = 立 + 日 + 心 : 세워서 말하는 마음
- 뜻 지(志) = 士 + 心 : 십과 일의 마음
- 반드시 필(必) = 心 + 丿 : 마음을 다스리다.
- 성낼 분(忿) = 分 + 心 : 분리된 마음

과(戈)는 손잡이가 달린 자루 끝에 날이 달린 창을 본뜬 것으로 창·무기를 사용하는 것 등의 한자에 쓰인다.

　융(戎)은 십(十)과 과(戈)로 창을 들고 하늘의 뜻을 지키는 군사라는 의미이고, 계(戒)는 　 입(卄)과 과(戈)로 창을 들고 이십(二十)을 경계하는 것이고, 　전(戰)은 　단(單)과 과(戈)로 창을 들고 홀로 싸운다는 의미로 해석할 수 있다.

　그런데 과(戈)가 들어간 한자 가운데 　성(成)이나 　아(我) 등은 창의 의미로는 해석이 부족하다고 하겠다. 성(成)은 앞의 　포(勹)에서 이야기 하였고, 아(我)는 수(扌)와 과(戈)로 '내'가 손에 창을 잡고 있는 것으로, 이것은 땅에 발을 딛고 있는 실존적인 사람을 이야기하는 것이다.

　또 　 　무(戊)는 별(丿)과 과(戈)로 땅의 뜻을 다스린다는 의미이기 때문에 오행(五行)의 토(土)이고, 수(數)로는 오(五)이다.

　혹(或)은 구(口)와 일(一) 그리고 과(戈)로 창 아래에 하나가 되는 것으로 하늘의 뜻이 드러나는 것을 의미하고, (『주역』에서 혹(或)은 의혹이 아니라 무엇이라 말할 수 없는 하늘의 작용을 뜻한다.) 또 함(咸)은 별(丿)과 혹(或)으로 하늘의 뜻을 다스리니 모두 함께 되는 것이다.

『주역』에서 과(戈)는 "창과 병장기는 이괘(離卦)가 된다(이위과병 離爲戈兵)"라고 하여, 땅의 뜻을 대행하는 이괘(離卦)를 상징하고 있다. 이괘(離卦)의 의미를 통해 분석하면, 성(成)은 쌀 포(勹)와 과(戈)로 땅의 뜻을 감싸고 있는데, 이것은 하늘의 뜻이 이 땅에서 이루어진다는 의미를 담고 있다.

· 군사 융(戎) = 戈 + 十 : 하늘을 지키다.
· 경계할 계(戒) = 戈 + 廾 : 하늘과 땅을 지키다.
· 싸울 전(戰) = 單 + 戈 : 홀로 지키다.
· 이룰 성(成) = 勹 + 戈 : 땅에서 이루다.
· 나 아(我) = 扌 + 戈 : 땅을 잡다.
· 혹 혹(或) = 戈 + 口 + 一 : 창 아래에 하나가 되다.
· 다 함(咸) = 丿 + 戈 + 口 + 一 : 혹에서 함께하다.

지게 호

　지게 호(戶)는 한 쪽만 열리는 문으로 서민의 집이나 문을 나타내고 있다.

　방(房)은 호(戶)와 방(方)으로 문 안에 네모난 것이 집이라는 뜻이고, 견(肩)은 호(戶)와 육(肉)으로 사람의 어깨가 집의 문과 같이 생겨서 이름 지어졌다. 소(所)는 호(戶)와 근(斤)으로 문을 도끼로 표시하여 장소나 방법 또는 일을 나타낸다.

　『주역』에서 호(戶)는 '삼백호(三百戶)', "그 문을 엿보다(규기호 闚其戶)", "문을 닫는 것을 곤(坤)이라 하고 문을 여는 것을 건(乾)이라 한다(합호위지곤 벽호위지건 闔戶謂之坤 闢戶謂之乾)" 등이라 하여, 하늘과 땅의 작용이 드러나는 문으로 이야기하고 있다.

한자읽기

방(房) = 戶 + 方 : 사방에 문이 있다.
견(肩) = 戶 + 肉 : 문같이 생긴 어깨
소(所) = 戶 + 斤 : 문을 결단하다.

수(手)는 사람의 손을 본뜬 것으로 손이 하는 모든 동작을 뜻하고 있다. 수(手)가 다른 한자 옆에 붙으면 수(扌)가 되는데, 이것을 '재방 변'이라고 부른다. 재(才)로 불리는 것은 비슷하게 생겨서 그렇게 부르는 것이다.

  손이 표상하는 『주역』의 학문적 체계를 보면, 음양(陰陽)은 손바닥과 손등으로, 오행(五行)은 주먹에서 다섯 손가락을 펴는 작용으로, 사상(四象)은 손바닥을 편 상태에서 손가락을 하나씩 굽히는 작용으로 나타나는데 마지막 5번째는 주먹이 되기 때문에 작용으로 헤아리지 않는다.

  여기서 중요한 원리를 발견하게 되는데, 손은 손등과 손바닥이 하나로 이루어진 것이기 때문에 음양은 그대로 일체적 존재이며, 이 손등과 손바닥이 만나서 음양이 작용하여 굽히면 사상(四象)의 작용을 표상하고, 펴는 것은 오행(五行)의 작용을 표상하는 것이다.

수(扌)가 들어간 한자를 보면, 칠 타(打)는 수(扌)와 정(丁)으로 손으로 하늘의 작용을 헤아려서 치는 것이고, 꺾을 절(折)은 수(扌)와 근(斤)으로 도끼를 잡아서 꺾는 것이고, 부를 초(招)는 수(扌)와 부를 소(召)로 손으로 부르는 것이고, 주먹 권(拳)은 손가락을 말아서 주먹을 쥐고 있는 것이다.

또 수(扌) 부수로 도울 부(扶)는 수(扌)와 남편 부(夫), 가리킬 지(指)는 수(扌)와 맛 지(旨), 재주 기(技)는 수(扌)와 지(支), 떨칠 진(振)은 수(扌)와 별 진(辰), 어루만질 무(撫)는 수(扌)와 없을 무(無) 등으로 모두 손의 뜻을 가진 형성(形聲)문자이다. 이외에도 수(扌)가 부수인 형성문자가 많다.

한자 안의 **한자읽기**

- 칠 타(打) = 扌 + 丁 : 손으로 치다.
- 꺾을 절(折) = 扌 + 斤 : 손으로 결단하다.
- 부를 초(招) = 扌 + 召 : 손으로 부르다.
- 도울 부(扶) = 扌 + 夫 : 손으로 남편을 돕다.
- 가리킬 지(指) = 扌 + 旨 : 손으로 가리키다.
- 재주 기(技) = 扌 + 支 : 손으로 하늘을 잡다.
- 떨칠 진(振) = 扌 + 辰 : 손으로 별을 잡다.

支

지탱할 지

지탱할 지(支)는 십(十)을 잡고(又) 있는 모양이다. 이 한자는 여러 가지 뜻이 들어 있다. 지지(地支), 십이지(十二支)와 함께 지탱하다(支撑─)·버티다·유지하다·보전하다·가지·근원(根源)에서 갈라진 것·팔과 다리·종파에서 갈린 지파·지출·급여·신표로 삼던 물건(부절 符節) 등으로 쓰인다.

간지(干支)에 쓰이는 지지(地支)에 대하여 알아보자.

지(支)는 십천간(十天干)을 잡고 있는 지지(地支)로 땅에 있는 12가지 동물로 상징되고 있다. 천간(天干)이 상하로 곧게 작용하는 곤(丨)의 의미를 담고 있다면, 지지(地支)는 옆으로 퍼져가는 일(一)의 의미를 담고 있는 것이다. 동물은 가로로 행하는(橫行) 것으로 땅의 이치를 드러내고 있는 것이다.

먼저 자(子)는 일(一)로 오행의 수(水)이고, 축(丑)은 십(十)으로 오행의 토(土)이고, 인(寅)과 묘(卯)는 삼(三)과 팔(八)로 오행의 목(木)이고, 진(辰)은 오(五)로 오행의 토(土)이고, 사(巳)와 오(午)는 이(二)와 칠(七)로 오행의 화(火)이고, 미(未)는 팔(八)로 오행의 목(木)이고, 신(申)과 유(酉)는 사(四)와 구(九)로 오행의 금(金)이고, 술(戌)은 오(五)로 오행의 토(土)이고, 해(亥)는 육(六)으로 오행의 수(水)이다.

지지(地支)는 오행이 섞여 있는데, 축(丑) 십(十)과 진(辰) 술(戌)은 오(五)로 토(土)이고, 특히 미(未)가 일반적으로 십(十)이고 토(土)로 이야기 하는데, 팔(八)로 목(木)이 되는 것이 중요하다고 하겠다.

『주역』에서 지(支)는 "사지(四支)에서 드날리고(창어사지 暢於四支)"라고 하여, 하늘의 작용이 네 가지로 드러남을 이야기하고 있다.

칠 복(攴)과 등글월 문(攵)은 같은 한자로 복(攴)은 사람이 회초리를 들고 지도하기 위해 손으로 '치다'·'두드리다'라는 뜻을 가지고 있다.

복(攴)은 칠 복(卜)과 또 우(又)로 사람이 손으로 복(卜)을 잡고 하늘의 뜻을 헤아리는 모양이다.

정사 정(政)은 정(正)과 복(攵)으로 성인이 밝힌 하늘의 뜻을 바르게 실천하는 것이 정치이고, 본받을 효(效)는 사귈 교(爻)와 복(攵)으로 서로 사귀어 성인의 가르침을 본받는 것이고, 가르칠 교(敎)는 어린 아이에게 성인이 밝힌 하늘의 뜻을 가르치는 것이다.

『주역』의 위정에서 삶의 뜻 인(仁)과 심(心)으로 성인이 하늘의 작용을 본 받고 있다는 의미로 해석된다는 것을 확인할 수 있다.

한자 안의 **한자**읽기

· 정사 정(政) = 正 + 攵 : 바르게 다스리다.
· 연고 고(故) = 古 + 攵 : 옛날에 맞게 하다.
· 본받을 효(效) = 爻 + 攵 : 사귀어 본받다.
· 가르칠 교(敎) = 爻 + 子 + 攵 : 아이에게 진리를 가르치다.

글월 문

문(文)은 글자의 모양을 형상화한 것으로 무늬나 문채를 뜻한다.
『주역』의 입장에서 문(文)은 돼지머리 두(亠)와 열 십(十)이 합해진 글자로
하늘의 뜻(亠)이 세상에 펼쳐지는(十) 것을 완성(文)시키는 의미를 담고 있다.

인류의 시작은 멀리 500만 년 전부터 시작되었다고 최근 연구에서 밝혀
졌지만, 문명(文明)이 열리고 문화(文化)가 시작되는 것은 1만 년 전으로 이
야기하고 있다. 원시인으로 살아온 인류는 본질적으로 동물과 구별되지 않
는 삶을 살았으나, 문명과 함께 역사시대(歷史時代)가 시작된 것이다.

문(文)은 바로 이러한 문명과 문화의 의미를 담고 있는 한자로 하늘의 뜻
을 인간이 자각하고 그것을 세상에 펼치는 것에서 시작되었음을 알려주는
것이다.

빛날 빈(斌)은 문(文)과 굳셀 무(武)로 하늘의 문채가 굳세게 드러나 빛나는
것이고, 문채날 비(斐)는 비(非)와 문(文)으로 문채가 있어 화려한 모양이다.
또 등글월 문(攵)은 글월 문(文)이 작용하는 의미를 담고 있다. '등'은 배의 반
대쪽으로 '등에 업다'·'등에 타다' 등 작용하는 의미로 사용하고 있다.

문(文)은 부수로 많이 쓰이지 않고 앞의 부수 동자인 문(攵)이 많이 사용
되고 있다.

『주역』에서도 문(文)은 '천문(天文)'과 '인문(人文)'의 의미를 가지고 있으며,
"그리하여 천지의 문채를 이룬다(遂成天地之文)", "조수의 문채를
본다(觀鳥獸之文)"와 문명(文明)·문덕(文德)·문위(文) 등으로 이어
기하고 있다.

따라서 문(文)은 글자의 의미와 밝·아름다운 문채 등으로 사용되는데, 이
는 사람이 하늘의 뜻을 사기하여 실천한다는 의미로 보아진다.

· 빛날 빈(斌) = 文 + 武 : 인문과 무예가 빛나다.
· 문채날 비(斐) = 非 + 文 : 문채가 빛나다.

斗

말두

　두(斗)는 물건의 양을 헤아리기 위해 자루 달린 국자의 형상을 본뜬 것으로 '재다'·'뜨다' 등의 뜻이 있는 부수이다. 또 두(斗)는 28수(宿) 별자리에서 서방(西方)에 위치한 이름으로 북두칠성(北斗七星)을 말하고 있다.

　두(斗)가 들어간 한자를 보면, 헤아릴 료(料)는 쌀 미(米)와 두(斗)로 양을 헤아리는 말로 쌀의 양을 측정한다는 뜻이고, 과목 과(科)는 벼 화(禾)와 두(斗)로 벼의 수확물을 말로 헤아려서 등급을 나누는 것에서 과목이 시작된 것이다.

『주역에서 북두기는 "해가 중천에 있을 때 북두칠성이 두욱집을 본다면은 과 과밀 과(科)과 해가, 지으면 변화로 이어진다』 한다.

　　　　　　　　　　　　　　　　한자 안의 **한자**읽기

　· 헤아릴 료(料) = 米 + 斗 : 쌀을 헤아리다.
　· 과목 과(科) = 禾 + 斗 : 벼를 헤아리다.

斤

도끼 근

날, 도끼 근(斤)은 도끼의 날을 형상화한 것으로 '베다'·'결단하다'·'심판하다'는 뜻이 들어 있다.

벨 참(斬)은 수레 거(車)와 근(斤)으로 수레가 땅에서 굴러가는 것으로 곤괘(坤卦)를 상징하기 때문에 땅의 심판이고, 벨 착(斷)은 옛 석(昔)과 근(斤)으로 석(昔)이 하늘을 상징하는 십(十)과 일(日)이 있어 하늘의 심판이라 하겠다. 또 이 사(斯)는 그 기(其)와 근(斤)으로 그것으로 심판한다는 의미이다.

새로울 신(新)은 설 립(立)과 목(木) 그리고 근(斤)으로 심판을 통해 목도(木道)를 세우는 것이 새로운 것이라는 의미이고, 끊을 단(斷)은 작을 요(幺) 4개와 이(二), 근(斤)으로 하늘의 사상(四象)작용에 의해 세상의 문제를 결단한다.

한자 안의 **한자**읽기

- 벨 참(斬) = 車 + 斤 : 땅의 심판
- 벨 착(斷) = 昔 + 斤 : 하늘의 심판
- 이 사(斯) = 其 + 斤 : 심판된 이것
- 새로울 신(新) = 立 + 木 + 斤 : 신도(神道)로 심판하다.
- 끊을 단(斷) = 二 + 幺 + 斤 : 하늘의 사상작용으로 결단하다.

方

모 방

　방(方)은 나란히 서서 논밭을 가는 모양을 형상화한 것으로 네모짐·방법·방향·소유함 등의 다양한 뜻으로 사용되고 있다.

　방(方)은 돼지머리 두(亠)와 쌀 포(勹)로 하늘의 작용이 땅에 드러나는 것을 감싸고 있는 것으로 해석이 가능하다. 앞의 천원지방(天圓地方)에서 이야기한 것과 같이 방(方)은 천리(天理)가 드러나는 지도(地道)를 상징하고 있기 때문에 현상적인 세계를 의미하고 있다.

　방(放)은 방(方)과 복(攵)으로 현상 세계를 다스려 놓아주는 것이고, 시(施)는 방(方)과 인(亻) 그리고 야(也)로 사방으로 성인의 가르침을 베풀어 주는 것이고, 려(旅)는 방(方)과 인(亻) 그리고 씨(氏)로 사방으로 성인의 가르침을 찾아서 다니는 것이고, 족(族)은 방(方)과 인(亻) 그리고 시(矢)로 현상 세계에서 성인의 뜻을 같이하는 사람이라는 의미이다.

　『주역』에서 방(方)은 "의로서 밖을 방정하게 하고(의이방외 義以方外)", "지극히 고요하고 덕을 방정하며(지정이덕방 至靜而德方)", "사방에 비추다(조우사

방 照于四方)", "뜻을 세워서 방소를 바꾸지 않는다(입불역방 立不易方)", "방으로써 무리를 모으고(방이류취 方以類聚)"라고 하여, 사람의 도덕적 본성인 덕(德)과 의(義)의 의미를 가지고 있다.

방(方)은 기본적으로 땅을 상징히 지만, 땅에 사는 만물 가운데 사람이 땅을 대표하고, 또 사람은 몸만 가진 존재가 아니라 하늘으로부터 부여받은 도덕성을 근본으로 하기 때문에 방(方)은 사람의 도덕적 본성인 덕(德) 그리고 의(義)으로 이야기 하는 것이다.

- 놓을 방(放) = 方 + 攵 : 사방으로 놓다.
- 베풀 시(施) = 方 + 人 + 也 : 성인의 가르침을 베풀다.
- 나그네 려(旅) = 方 + 人 + 氏 : 성인의 가르침을 찾아다니다.
- 겨레 족(族) = 方 + 人 + 矢 : 하늘의 뜻이 펼쳐지다.

无
없을 무

무(无)는 없다는 뜻이다. 보통은 없음은 무(無)로 사용하는데, 『주역』에서는 무(無)를 사용하지 않고 무(无)로 사용하고 있다. 없다는 뜻이지만 Never의 뜻이 아니라 무엇이라 말할 수 없기 때문에 무(无)라고 한 것이다. 불교에서 말하는 '진공묘유(眞空妙有)'의 의미를 담고 있는 것이다.

없다는 하늘 천(天)에서 아래 오른쪽 획이 길게 늘어진 모습이다. 하늘의 작용은 의미하는 것으로 모이지 눈리지 않지만 지금 여기에 있는 것이 바로 하늘이다. 『주역』에서도 '빨리 하지 않았는데 빨라지고, 행하지 않았을 때도 이른다(부질이속 부행이지 不疾而速 不行而至)'라고 하여, 하늘의 작용을 말하고 있는데, 여기서 바로 무(无)의 의미이다.

『주역』에서 무(无)는 "허물없다(무구 无咎)", "세상에 숨어서 근심하지 않는다(돈세무민 遯世无悶)", "이롭지 않음이 없다(무불리 无不利)", "망령됨이 없다(무망 无妄)", "생각이 없고 함이 없다(무사야 무위야 无思也 无爲也)" 등으로 여러 곳에서 이야기하고 있다.

日 날일

일(日)은 태양을 형상화한 것으로 태양, 밝음, 시간 등을 나타내는 부수이다. 갑골문에서는 네모에 한 일(一)이 있어, 일(一)의 의미를 강조하고 있다.

일(日)은 양(陽)으로 밝음을 상징한다고 하지만, 『주역』에서 일(日)은 땅의 뜻을 대표하는 이괘(離卦)로 음괘(陰卦)이고, 오히려 월(月)이 하늘의 뜻을 대표하는 감괘(坎卦)로 양괘(陽卦)이다.

이괘(離卦)를 상징하는 것은 불이고, 감괘(坎卦)를 상징하는 것은 물인데, 불과 물을 두고 볼 때는 불이 양괘(陽卦)이고 물이 음괘(陰卦)이라고 생각할 수 있지만, 반대로 불은 이괘, 물은 감괘로 상징되고 있다. 이것은 음양(陰陽)이 대상적인 물건이나 그것의 속성이 아니라 체용(體用)으로 작용하는 일체적 의미를 가지고 있기 때문이다.

이는 한자를 통해 이해할 수 있는데, 일(日)은 일(一)이라는 양수(陽數)를 본체로 가지고 있으나 작용은 음수(陰數)로 하기 때문에 음괘(陰卦)인 이괘(離卦)를 상징하고, 반대로 월(月)은 이(二)라는 음수(陰數)를 본체로 가지고 그 작용은 양수(陽數)이기 때문에 양괘인 감괘(坎卦)로 상징되는 것이다.

따라서 일(日)과 월(月)을 이괘(離卦)와 감괘(坎卦)로 상징한 것은 그 작용의 입장에서 말한 것임을 알 수 있다. 또 일(日)은 낮을 배경으로 드러나기 때문에 양체음용(陽體陰用)의 형상을 보여주고, 반대로 월(月)은 밤을 배경으로 드러나기 때문에 음체양용(陰體陽用)의 형상을 보여주는 것이다.

우리의 전래 동화인 '햇님 달님'에서도 오빠는 달님이 되고, 여동생은 밤이 무서워 햇님이 되었다는 것에서도 음양(陰陽)이 서로 마주보는 일체적인 작용임을 알 수 있다.

『주역』에서는 일월(日月)이 합해진 밝음 명(明)에 대하여 3가지 입장에서 이야기하고 있다. 첫째는 그믐과 명(明)을 같이 말하여 일월(日月)의 운행 작용으로 이야기하고 있다. 둘째는 명덕(明德)이라 하여 자신의 본성을 밝히는 것으로 말하고, 셋째는 명덕의 실천으로 사람과 사람들 사이에 왕도(王道)를 밝히는 것으로 이야기하고 있다.

명(明)은 일월(日月)이 가지고 있는 이미가 밝혀진 세계의 의미를 넘어서 자기 자신의 마음을 논하고, 이 마음을 올바로 실천하며 살아가는 세상의 이치를 밝게(明) 알게 된다는 것이다.

『주역』에서 일(日)은 "일월과 더불어 그 밝음에 합하고(여일월합기명 與日月合其明)", "날마다 그 덕을 새롭게 한다(일신기덕 日新其德)", "음양의 뜻은 일월과 짝하고(음양지의 배일월 陰陽之義 配日月)", "일월이 서로 밀어서 밝음이 생긴다(일월 상추이명생언 日月 相推而明生焉)"라고 하여, 일월(日月)과 덕(德) 그리고 명(明)을 함께 이야기하고 있다.

말씀 왈

　　왈(曰)은 사람의 입과 날숨을 본떠서 '목소리를 내어 말하다'는 뜻을 나타내고, 일(日)과는 다른 부수이다.

　　갈(曷)은 왈(曰)과 포(勹) 그리고 인(人)과 일(一)로 사람을 싸고 말하는 것이고, 회(會)는 인(人)과 일(一) 그리고 망(罒)과 왈(曰)로 사람들이 하나로 모이는 것을 의미하고 있다.

한자 안의 **한자읽기**

- 어찌 갈(曷) = 曰 + 勹 + 人 + 一 : 사람을 감싸고 말하다.
- 모일 회(會) = 人 + 一 + 罒 + 曰 : 사람이 하나로 모이다.

月

덜 월

　월(月)은 달의 이지러진 모양을 형상화한 것으로 달과 관계되는 한자의 부수로 사용되고 있다. 달은 30일을 기준으로 초승달에서 상현달 그리고 보름달, 다시 하현달 그리고 그믐달로 변화하여 『주역』의 변화원리를 표상하는 한자이다.

월(月)은 빈 검()과 이()로 둥근 하늘을 상징하는 검()에 음수()인 이()가 들어가 있는 것으로 월()이 땅의 입장이라면, 월()은 하늘의 현상이라 하겠다. 그래서 월()은 팔괘()에서 하늘의 중정지기인 감괘 ()를 상징하는 것이다.

　월(月)이 들어간 유(有)는 일(一)과 별(丿) 그리고 월(月)로 달의 이치가 드러나는 일(一)을 다스리는 것이 있음이라 하겠다. 유(有)는 그냥 있는 것이 아니라 '뜻이 드러나 있다' 또는 '진리가 있다'는 의미를 함축하고 있다. 독일어로 'Sein', 영어로 'Being'이라 하는 것에도 이러한 뜻이 들어 있는 것이다. 그래서 '무엇이 있다'라는 것은 뜻(원리)이 있고, 그것이 드러나 있기 때문에 '또 있다'는 것으로 해석되어 유(有)는 　우(又)와 같은 의미로 사용되고 있다.

초하루 삭(朔)은 팔(丷)과 일(一) 그리고 철(屮)과 월(月)로 달의 싹이 시작되는 날이고, 보름(미만) 망(望)은 망할 망(亡)과 월(月) 그리고 왕(王)으로 달이 왕처럼 다 자라서 더 자랄 것이 없는 것이고, 돌 기(期)는 그 기(其)와 월(月)로 달이 그 자리에 돌아온 날이다.

『주역』에서 월(月)은 앞의 부수인 일(日)과 함께 많이 사용되고, 또 "8월에 이르러서는 흉함이 있다(지우팔월 유흉 至于八月 有凶)", "달이 거의 보름이면 길하다(월기망 길 月幾望 吉)", "달이 차면 기운다(월영즉식 月盈則食)"이라 하여, 달을 통해 천도(天道)의 변화를 이야기하고 있다.

한자 안의 **한자**읽기

• 있을 유(有) = 一 + 丿 + 月 : 하나를 다스리다.
• 초하루 삭(朔) = 八 + 一 + 屮 + 月 : 달의 싹이 나오다.
• 보름 망(望) = 亡 + 月 + 王 : 달이 다 자라다.
• 돌 기(期) = 其 + 月 : 달이 돌아오는 그 날

木

나무 목

나무 목(木)은 부수에서 가장 많이 사용하는 한자 가운데 하나이다. 나무의 모양을 형상화한 것으로 나무의 종류나 나무의 부분, 나무로 만들어진 것, 나무의 상태 등의 뜻을 나타내고 있다. 목(木)이 들어간 한자는 매우 많고, 대부분 나무의 뜻을 가지고 있다.

목(木)이 들어간 대표적인 한자를 보면, 저울 권(權)은 목(木)과 황새 관(蘿)으로 목적 달성을 위해 임기응변으로 사용하는 방편인 '권도(權道)'이다. 학교 교(校)는 목(木)과 사귈 교(交)로 하늘의 신도(神道)를 배우고 사귀는 곳이 학교이고, 동녘 동(東)은 목(木)과 일(日)로 진리가 신도(神道)에 걸려있는 곳이 동쪽이고, 밝을 주(朱)는 늙은사람 인(亻)과 목(木)으로 성인이 목도(木道)를 드러내는 것이고, 즐거울 락(樂)은 작을 요(幺) 2개와 흰 백(白) 그리고 목(木)으로 목도(木道)에 하늘의 뜻이 펼쳐져서 즐거운 것이다.

『주역』에서 목(木)은 십(十)과 팔(八)로 이해되고 있다. 「계사상」 제 9장에서는 "일 번 또 여덟 번 변한다(십유팔변 十有八變)"이라고 하여, 하늘의 근원

또 『주역』에서 목(木)은 "손괘(巽卦)는 나무가 되고(손위목 巽爲木)", "천지가 변화하면 초목이 번성하고(천지변화 초목번 天地變化 草木蕃)", "목도(木道)를 이에 행하고(목도 내행 木道 乃行)", "나무를 타고 빈 배이다(승목 허주야 乘木 舟虛也)"라고 하여, 나무가 천지의 변화를 나타내기 때문에 목도(木道)로 이야기하고 있다. 마을 입구에 있는 팽나무나 성황당에 있는 신단목(神壇木)은 하늘을 상징하고 있다.

한자 안의 **한자**읽기

- 저울 권(權) = 木 + 雚 : 꿰뚫어 저울질하다.
- 학교 교(校) = 木 + 交 : 신도(神道)로 사귀다.
- 동녘 동(東) = 木 + 日 : 진리가 걸리다.
- 붉을 주(朱) = 丿 + 木 : 성인이 신도를 드러내다.
- 즐거울 락(樂) = 幺 + 白 + 木 : 신도가 작게 드러나다.

하품 흠

흠(欠)은 사람이 입을 벌리고 있는 모양으로 '입을 벌리다'·'하품'의
뜻을 나타내고 있다.

기뻐할 흔(欣)은 근(斤)과 흠(欠)으로 하늘의 심판을 입을 벌리고 기뻐하
는 것이고, 노래 가(歌)는 옳을 가(可)와 흠(欠)이고, 속일 기(欺)는 그 기(其)
와 흠(欠)으로 입을 벌리고 속인다는 형성(形聲)문자이다.


주역에서 풀이하면, 흠(欠)은 쌀 포(勹)와 인(人)으로 진리를 자각한 성
인이 사람들에게 알려주는 의미를 가지고 있다.

공경할 흠(欽)은 금(金)과 흠(欠)으로 성인이 가르쳐 주는 천도(天道)를 공
경하는 것이다.

한자연의 **한자읽기**

- 기뻐할 흔(欣) = 斤 + 欠 : 성인이 심판하다.
- 노래 가(歌) = 可 + 欠 : 입을 벌리는 것이 좋다.
- 속일 기(欺) = 其 + 欠 : 입을 벌려 속이다.
- 공경할 흠(欽) = 金 + 欠 : 하늘을 말하다.

止

그칠 지

그칠 지(止)는 멈춰 서는 발의 뜻으로 '멈추다'의 뜻으로 사용되고, 부수에서는 발의 움직임이나 시간의 경과에 관련된 한자에 사용되고 있다.

바른 정(正)은 일(一)과 지(止)로 하나님에 그쳐 있는 것이 바른 것이고, 곧은 정(貞)은 복(卜)과 조개 패(貝)로 하늘의 뜻이 사상(四象)과 팔(八)로 작용하는 것이 곧은 것이다.

이 차(此)는 지(止)와 비(匕)로 사람이 거꾸로 그쳐 있는 것이 이것이고, 지낼 력(歷)은 엄(厂)과 화(禾) 2개 그리고 지(止)로 굴 바위 속에서 벼를 먹으면서 지내는 것이다.

해 세(歲)는 지(止)와 별(丿) 그리고 과(戈)와 일(一), 작을 소(小)로 지(止)를 제외하면 없앨 혈(威)과 같은 의미를 가진 것으로 심판에 그친다는 뜻으로 풀이된다. 혈(威)은 멸할 멸(滅)과 서로 통하는 것으로 물에 의한 심판을 담고 있다면, 해 재(載)는 십(十)과 과(戈) 그리고 수레 거(車)로 과(戈)가 불을 상징하는 이괘(離卦)이기 때문에 불에 의한 심판을 의미하고 있다.

한 해가 간다는 것은 새로운 해가 시작되는 것으로 심판의 의미를 가지고 있는데, 세(歲)는 물, 재(載)는 불에 의한 심판을 담고 있는 것이다. 앞의 천(巛)에서 이야기한 재(災)의 의미를 나누어서 말한 것이다.

또 세(世)는 십(十)이 3개로 30년이 한 세대(世代)라 하기도 하지만, 입(卄)과 일(一)로 천지(天地)가 작용되는 기본수인 이십일(二十一)의 원리를 담고 있는 것으로 해석할 수도 있다.

물과 불의 심판을 사람에 비유해서 보면, 먼저 어머니 자궁 속에서 양수(養水)가 터져야 생명이 탄생되듯이 물의 심판을 받아서 태어나고, 뒤에는 마음을 태우는 고난 속에서 자신을 찾아가거나 죽음으로 심판을 받는 것이다.


『주역』에서 지(止)는 "간괘(艮卦)는 그침이고(간 지야 艮 止也)", "천문의 밝음이 그치는 것이니 인문(人文)이고(문명이지 인문야 文明以止 人文也)"라고 하여, 팔괘에서 간괘(艮卦)를 상징함으로 이야기하고 있다.

- 바를 정(正) = 一 + 止 : 하나에 그치다.
- 곧을 정(貞) = 卜 + 貝 : 점이 사팔(四八)로 작용하다.
- 이 차(此) = 止 + 匕 : 사람이 그치다.
- 해 세(歲) = 止 + 丿 + 戈 + 小 : 땅의 해가 그치다.
- 해 재(載) = 十 + 車 + 戈 : 하늘의 해가 가다.

歹

죽을 사

죽음 사(歹)는 살이 깎여 없어진 백골(白骨) 시체의 앙상한 뼈의 뜻을 나타내고, 부수로서는 '죽음'과 관련된 한자에 사용되고 있다.

사(歹)는 일(一)과 포(勹) 그리고 주(丶)로 땅 아래에서 하늘을 감싸고 있다. 죽음을 우리는 돌아갔다고 하는데, 이것은 귀천(歸天)으로 하늘로 돌아간 것이다.

죽음 사(死)는 사(歹)와 비(匕)로 사람이 죽으면 서 있지 못하고 거꾸로 되는 것이고, 재앙 앙(殃)은 사(歹)와 중앙 앙(央)이고, 위태한 태(殆)는 사(歹)와 별 태(台)이고, 해칠 잔(殘)은 사(歹)와 잔(戔)으로 모두 죽음의 의미를 가진 형성(形聲)문자이다.

· 죽을 사(死) = 歹 + 匕 : 거꾸로 된 사람
· 재앙 앙(殃) = 歹 + 央 : 중앙이 죽다.
· 위태로울 태(殆) = 歹 + 台 : 죽음이 크다.
· 해칠 잔(殘) = 歹 + 戔 : 죽이고 해치다.

몽둥이 수

몽둥이 수(殳)는 손으로 나무 몽둥이를 든 모양으로 '치다'·'때리다'의 뜻을 나타내고, 또 갓은 등글월 문으로도 부른다.

헐 훼(毀)는 구(臼)와 공(工) 그리고 수(殳)로 양 손으로 몽둥이를 잡고 훼손하는 것이다.

『주역』의 입장에서 수(殳)는 궤(几)와 우(乂)로 손으로 신도(神道)를 잡고 있다고 해석되어진다.

성할 은(殷)은 지게 호(戶)와 일(一) 그리고 포(勹)와 수(殳)로 집에 신도(神道)를 감싸고 있는 것이 성한 것이고, 큰 집 전(殿)은 필 전(展)과 수(殳)로 신도(神道)를 크게 펼치는 집이라 하겠다.

한자의 한자읽기

- 죽일 살(殺) = 乂 + 木 + 丶 + 殳 : 신도로 죽이다.
- 헐 훼(毀) = 臼 + 工 + 殳 : 양손으로 신도를 잡다.
- 성할 은(殷) = 戶 + 一 + 勹 + 殳 : 신도로 집을 지키다.
- 큰 집 전(殿) = 尸 + 共 + 殳 : 신도와 죽음을 함께하다.

말 무

무(毋)는 어미 모(母)와 같은 형태로 '~하지 마라'는 금지사로 사용된 의미를 설명하기에는 아쉬움이 남는다.

무(毋)는 어미의 머리나 모양으로 해석함은 깊은 의미가 담긴 생각을 가지고 있다. 어미(母)는 자식의 몸이라해 어른이 없다을 우선이 가지고 없는 것이라면, 무(毋)는 몸 밖으로 어머니가 나가 있는 것이다. 어른의 뜻은 사람을 넘어서 존재하는 것이 아니기 때문에 그렇게 생각하시는 말이 는 것이다. 또 무(毋)는 어머니 잡으면 형상으로 어서어 잡으며라 어서 말고, 그냥 그대로 두라는 의미로 해석한다.

매양 매(每)는 인(亻)과 무(毋)로 사람이 하지 말라는 것을 매양 한다는 의미이고, 독 독(毒)은 일(一)과 토(土) 그리고 무(毋)로 땅 위에서 일(一)을 쓰지 않는 것은 마음의 독이 되는 것이다.

· 매양 매(每) = 亻 + 毋 : 성인이 하지마라 한다.
· 독 독(毒) = 一 + 土 + 毋 : 땅에서 하늘을 쓰지 않는다.

비(比)는 두 사람이 나란히 걸어가는 모습으로 '나란하다'·'견주다'라는 뜻을 가지고 있다. 북(北)이 두 사람이 등을 맞대고 있는 모습이라면, 비(比)는 한 방향을 보고 다정히 걸어가는 것이다.

개(皆)는 비(比)와 백(白)으로 두 사람이 한 몸이 되어 함께 하는 것이고, 비(毘)는 전(田)과 비(比)로 밭에서 두 사람이 나란히 도와주고 있는 것이다.

비(比)가 들어간 개념 가운데 우리 사회에서 많이 쓰는 비판적(批判的) 사고, 비판적 지성인, 비판적 논술 등 비판(批判)의 의미를 생각해보고자 한다.

비(批)는 수(扌)와 비(比)로 나란히 걸어가는 두 사람을 손으로 치는 것이고, 판(判)은 날카로운 칼(刂)로 절반(半)을 갈라내는 것이다. 비판(批判)적 사고는 나란히 걸어가는 두 사람의 뒤통수를 때려서 갈라놓는 생각이라 하겠다.

이 비판적 사고의 이면에는 나란히 걸어가는 사랑하는 남녀의 다정한 모습이 '꼴 보기 싫다'라는 자신의 삿된 욕망이 있고, 또 내가 살아가는 '지금의 현실이 잘못된 것이다'라는 생각이 있는 것이다. 내가 지금 애인이 없다고 다른 사람의 다정한 모습을 질투하는 것이나, 올바른 삶이 무엇인지에 대한 고민이 없이 현실이 모두 잘못되었다고 하는 것은 자신의 삶을 망치는 지름길이다.

따라서 비판적 사고는 자신의 삿된 욕망을 경계하고, 현실에 대한 올바른 인식이 전제된 정직(正直)한 사고에 근거해야 한다.

정직한 사유는 바르고 곧은 생각으로 하늘이 사람에게 준 양심(良心)에 눈을 가지는 것이다. 우리가 어릴 때부터 들어온 '사람은 정직해야한다'는 것은 행동만을 말하는 것이 아니라 생각도 바르게 하라는 뜻이 들어 있다. 불교에서는 사람이 살아가야할 여덟 가지 바른 길인 팔정도(八正道)에서 정사유(正思惟)를 가르치고 있다.

우리 사회가 처음부터 비판하는 사고를 가르치는 것은 왜곡된 이데올로기를 심는 위험한 교육이라 하겠다.


비(比)는 『주역』의 64괘 가운데 8번째 「수지비괘(水地比卦)」의 괘 이름으로 "비는 길이고 비(比)는 돕는다(비 길야 비 보야 比 吉也 比 輔也)", "비는 즐거움이다(비락 比樂)"라고 하여, 성인과 군자가 나란히 하늘의 뜻에 따르는 이치를 이야기하고 있다.

한자 안의 **한자**읽기

· 다 개(皆) = 比 + 白 : 나란히 함께
· 도울 비(毗) = 田 + 比 : 마음 밭에서 나란히
· 칠 비(批) = 扌 + 比 : 나란히 가는 두 사람을 치다.
· 가를 판(判) = 半 + 刂 : 칼로 절반을 나누다.

털 모

털 모(毛)는 짐승이나 사람의 털이 나 있는 모양을 본뜬 것으로 '털'이나 '털로 만들어진 것'의 뜻을 가지고 있다.

『주역』의 입장에서 모(毛)는 삼(三)과 을(乙)로 천지인(天地人) 삼재지도가 시작되는 의미를 가지고 있다.

가는 털 호(毫)는 호(豪) 윗부분과 모(毛)이고, 솜털 취(毳)는 모(毛) 3개로 털의 의미를 가진 형성문자이다.

한자 관의 **한자읽기**

- 가는 털 호(毫) = 亠 + 口 + 冖 + 毛 : 가는 털
- 솜털 취(毳) = 毛 + 毛 + 毛 : 부드러운 털

씨(氏)는 민(民)의 자형과 비슷한 모양으로 비스듬한 획은 두 눈꺼풀이 감겨져 있는 모양으로 '성씨'의 뜻을 나타내고 있다.

혼(昏)은 씨(氏)와 일(日)로 해가 사람의 발밑으로 내려가는 때가 어두운 때이고, 맹(氓)은 망(亡)과 민(民)으로 하늘의 뜻을 모르는 아직 어리석은 백성이라는 뜻이다.

· 이두울 혼(昏) = 氏 + 日 : 발밑으로 지는 해
· 백성 맹(氓) = 亡 + 民 : 무지한 백성

기(气)는 뭉게뭉게 피어오르는 구름, 상승기류를 본뜬 모양으로 '수증기'·'숨'·'입김'의 뜻을 나타내고 있다. 기(氣)는 기(气)와 미(米)로 사람의 기운은 쌀에서 온다는 의미로 해석할 수 있다.

水
물 수

　수(水)는 물이 흘러가는 모양을 형상화한 것으로 물이나 물의 특성 등의 한자에 쓰이고, 오행(五行)의 하나이다. 수(氵)가 들어간 한자도 매우 많고, 대부분이 물의 일반적인 의미를 가지고 있다.

　수(水)가 들어간 한자를 통해 그 의미를 생각해보면, 같은 중(衆)과 같은 군(群)은 모두 무리라는 뜻이지만, 중(衆)은 혈(血)과 별(丿) 그리고 수(水)로 물의 험난함 속에서 살아가고 있는 무리라면, 군(群)은 있는 군(君)과 양(羊)으로 군자인 지도자와 백성인 양이 하나가 되어 인격적 세계를 살아가는 무리인 것이다.

　중(衆)이 들어간 중생(衆生)은 미혹의 세계를 살아가는 존재로 아직 '깨달은 자'가 되지 못한 존재를 말하는 것이고, 중인(衆人)은 일반 사람들을 일컫는 것으로 이들도 진리의 세계가 무엇인지 모르고 살아가는 범인(凡人)을 의미하고, 중구(衆口)도 여러 사람의 말로 세상에서 이야기 되고 있는 평판이라 하겠다.

　반면에 군(群)은 지도자가 백성들을 잘 이끄는 무리로 군상(群像), 군집(群

集) 등 무리를 지어 있는 많은 사람들이라는 뜻과 군신(群臣), 군웅(群雄) 등 인격적 존재들의 무리를 의미하는데 사용하고 있다.

또 취할 취(取)와 모일 취(聚)도 '모으다'라는 뜻을 가지고 있지만, 그 의미는 다르게 해석된다. 취(取)는 이(耳)와 우(又)로 귀를 잡고 있는 것으로 옛날 전쟁터에서 귀를 잘라 모으던 것에서 유래하였다고 한다. 취재(取才)는 인재를 가려서 쓰는 것이고, 취득(取得)은 자기 것으로 만들어 버림이고, 취사(取捨)는 취할 것은 취하고 버릴 것은 버리는 것이다.

그런데 취(聚)는 취(取)와 별(丿) 그리고 수(氺)로 하늘의 뜻을 다스려 모은다는 의미가 들어 있다. 취인(聚人)은 사람을 모으는 취인(取人)과는 달리 하늘의 뜻을 통해 사람을 모은다는 것으로 해석할 수 있다.

『주역』에서 수(水)는 감괘(坎卦)로 하늘이 내리는 은택이자 그 뜻을 상징하고 있다. 64괘 가운데 29번째 괘인 「중수감괘(重水坎卦)」에서는 "물이 흘러 웅덩이를 채우지 못하여, 어려움을 행하지만 그 진실된 믿음을 잃지 않는 것이다(습감(習坎) 유부(有孚) 水流而不盈 行險而不失信)"라고 하여, 물의 철학적 의미를 이야기하고 있다.

첫째, '웅덩이를 채우지 않고 물은 흐르지 않는다.' 물은 잠시도 쉬지 않고 웅덩이를 채우고 있듯이, 하루하루가 반복되는 것 같지만 그 속에 작은 변화가 일어나고 있으며, 마침내는 큰 웅덩이를 가득 채우는 것이다.

둘째, '큰 웅덩이는 깊고 물이 많다.' 물은 지혜이다. 하늘이 인간에게 주는 사랑이다. 그 사랑만이 자신의 웅덩이를 가득 채울 수 있다. 가득 채워진 물은 삶의 지혜와 사랑을 드러내게 된다.

셋째, '물은 고난이다.' 삶의 위태로움과 고난은 모두 하늘이 준 사랑이다. 시련이 많다는 것은 은택도 많다는 뜻이다. 그래서 위태로움과 고난을 극복한 사람에게만 사랑이 가득해지는 것이다.

따라서 「중수감괘」 구오효사에서는 "웅덩이가 차지 않았다는 것은 마음이 아직 성인지도를 자각하지 못했기 때문이다(감불영 중미대야 坎不盈 中未大也)"라고 하여, 마음의 웅덩이를 채우기 위해 성인의 가르침을 공부하는 것이다.

火

화(火)가 부수인 한자는 대부분이 불의 의미를 그대로 담고 있다. 장작 불이 활활 타오르는 것이나 화산이 불을 뿜어내는 모양을 형상화시켜 만든 것으로 보통 이해할 수 있다. 화(火)가 들어간 한자는 많고, 모두 불과 관련 되어 있음을 알 수 있다.

염(炎)은 불이 2개이고, 렬(烈)은 열(列)과 화(灬)로 땅에서 줄을 서는 것이 굳센 것이고, 연(煙)은 화(火)와 서(西) 그리고 토(土)로 흙에서 불을 피우니 연기가 나는 것이다. 또 숙(熟)은 숙(孰)과 화 (灬)이고, 열(熱)은 예(埶)와 화(灬)이고, 연(燃)은 화(火)와 연(然)으로 불의 뜻을 가진 형성(形聲)문자이다.

참고로 불교에서는 우리가 살아가는 세상을 '불의 집(화택, 火宅)'에 비유하 고 있다. 그 만큼 생노병사(生老病死)의 고해(苦海)를 살아가는 것은 힘들고 어렵다는 것이다. 그래서 화(火)를 사람 인(人)과 집 주(ヽ) 2개의 작용으로 생각할 수 있다. 즉, 사람이 하늘의 뜻을 양쪽으로 받아서 살아가는데, 한쪽은 은택도 있지만 다른 한쪽은 고난도 함께 있는 것이다.

『주역』에서 화(火)는 "이괘(離卦)가 불이 되고(이위화 離爲火)", "만물을 말리는 것은 불보다 말리는 것이 없고(조만물자 막한호화 燥萬物者 莫熯乎火)", "불은 마른 데로 나아가고(화취조 火就燥)", "물과 불이 서로 사라지고(수화상식 水火相息)"이라 하여, 이괘(離卦)를 상징하고, 만물을 말리는 뜻을 가지고 있음을 알 수 있다.

이괘(離卦)는 땅의 인격성을 대표하는 곤괘(坤卦)의 작용을 상징하는 괘이기 때문에 불은 땅의 작용을 말하는 것이다.

한자 안의 **한자**읽기

- 마를 조(燥) = 火 + 品 + 木 : 나무를 말리다.
- 굳셀 렬(烈) = 列 + 灬 : 땅의 질서는 굳세다.
- 연기 연(煙) = 火 + 西 + 土 : 서쪽 흙에서 타다.
- 익을 숙(熟) = 孰 + 灬 : 누구와 익숙해지다.
- 열 열(熱) = 埶 + 灬 : 불을 심다.
- 탈 연(燃) = 火 + 然 : 불이 타다.

爪

손톱 조

손톱 조(爪)는 손을 엎어서 밑에 있는 물건을 집어 드는 모양을 형상화하여 '손톱'의 뜻을 나타내고, 부수로서 '손으로 잡다'의 의미를 가지고 있다.

다툴 쟁(爭)은 조(爫)와 계(彐) 그리고 궐(亅)로 손으로 하늘의 뜻을 잡으려고 다투는 것이고, 받을 수(受)는 조(爫)와 멱(冖) 그리고 우(又)로 손으로 하늘의 사랑을 받는 것이다. 할 위(爲)는 조(爫)와 시(尸) 그리고 포(勹)와 화(灬)로 손으로 하늘의 사상(四象) 작용을 한다는 것이다.

수의 일상에서 보면, 조(爪)는 한자의 위에서는 조(爫)로 쓰이는데, 이것은 심(心)과 유사한 것으로 손으로 포심되는 사상(四象)과 사덕(四德)의 의미를 담고 있다.

한자 안의 한자읽기

· 다툴 쟁(爭) = 爫 + 彐 + 亅 : 손으로 갈고리를 잡다.
· 받을 수(受) = 爫 + 冖 + 又 : 손으로 잡다.
· 줄 수(授) = 扌 + 受 : 손으로 주다.
· 할 위(爲) = 爫 + 尸 + 勹 + 灬 : 하늘이 작용하다.

아비 부

　아비 부(父)는 손에 매 채를 든 모양을 형상한 것으로 일족(一族)의 통솔자인 아버지를 의미하고, 부수로서는 '부친'·'노인'의 의미를 가지고 있다.

　또 부(父)는 팔(八)과 십(乂)으로 하늘의 뜻인 십(十)을 자각하여 여덟으로 쓰는 존재가 아버지인 것이다.

　『주역』에 부(父)는 64괘 가운데 16번째 「산풍고괘(山風蠱卦)」에서 "아버지의 일을 주관한다(간부지고 幹父之蠱)", "아버지의 일을 넉넉하게 한다(유부지고 裕父之蠱)"라고 하여 여러 번 이야기하고, 또 "부모가 강림한 것은 같고(여임부모 如臨父母)", "건괘(乾卦)는 하늘이라 그러므로 아버지라 이르고(건천야고칭호부 乾天也 故稱乎父)"라고 하여, 건괘(乾卦)를 상징하고 있다.

효(爻)는 보통 사귈 효 내지 괘효 효로 불리는데, 『주역』의 괘를 구성하는 양효(陽爻)와 음효(陰爻)를 말하는 것이다.

『주역』에서 효(爻)는 양효·음효로 구성되어, 삼효단괘（三爻單卦）와 육효중괘（六爻重卦）를 통해 진리를 표상하고 있다. 삼효단괘는 팔괘(八卦)로 건괘(乾卦)·곤괘(坤卦)·진괘(震卦)·손괘(巽卦)·감괘(坎卦)·이괘(離卦)·간괘(艮卦)·태괘(兌卦)이고, 육효중괘는 『주역』을 구성하는 64괘(卦)를 말하는 것으로 상경（上經）은 중천건괘（重天乾卦）에서 중화이괘（重火離卦）로 30개의 괘(卦)이고, 하경（下經）은 택산함괘（澤山咸卦）에서 화수미제괘（火水未濟卦）로 34개의 괘이다.

효(爻)는 십(乂)과 십(乂)으로 위의 십(乂)은 하늘의 뜻을, 아래의 십(乂)은 땅의 뜻을 상징하는 것으로 진리를 그대로 표상하고 있는 것이다. 예를 들면, 배울 학(學)은 계(彐) 2개와 효(爻) 그리고 멱(冖), 자(子)로 구성되어, 어린 자식(子)이 책상(冖)에서 양 손(彐)으로 진리(爻)를 익히는 것이 배움이라고 풀이된다. 효(爻)에 대한 이해가 부족한 것은 앞의 복(卜)에서 이야기한 바와 같이 『주역』을 점서(占書)라 하면서 그 의미를 왜곡하고 있기 때문이다.

또 <del>시원할</del> 상(爽)은 대(大)와 효(爻) 그리고 효(爻)로 대인이 자기의 마음 속에 진리를 자각했기 때문에 마음이 밝고 시원한 것이다.

<del>깨우칠</del> 각(覺)은 계(彐)와 효(爻) 그리고 멱(冖), 견(見)으로 책상에서 양손 으로 진리를 보는 것으로 풀이된다. 깨우침을 견성(見性)이라 하는데, 여기 에서도 견(見)은 공통적이고, 효(爻)를 성(性)으로 바꾸어 놓은 것이다. 자기 의 성품을 보는 견성(見性)은 자기의 마음을 알아차린다는 뜻으로 생각할 수 있다.

『주역』에서 효(爻)는 '효는 변화에서 말한 것이고(효자 언호변자야 爻者 言乎 變者也)', '효라는 것은 건곤(乾坤)을 본받은 것이고(효야자 효차자야 爻也者 效此 者也)'라고 하여, 변화의 원리를 말한 것이고, 또 하늘의 뜻을 상징하는 건괘 (乾卦)와 땅의 뜻을 상징하는 곤괘(坤卦)를 본받은 것으로 건곤(乾坤)의 작용 으로 이야기하고 있다.

<del>한자 안의</del> **한자**읽기

• <del>배울</del> 학(學) = 彐 + 爻 + 冖 + 子 : 아이가 진리를 배우다.
• <del>시원할</del> 상(爽) = 大 + 爻 + 爻 : 진리를 자각하다.
• <del>깨우칠</del> 각(覺) = 彐 + 爻 + 冖 + 見 : 진리를 보다.

장수 장(爿)은 평상 상(牀)의 원래 글자로 '침상'의 뜻을 가지고 있고, 목(木)을 세로로 쪼갠 왼쪽의 절반으로 나무 조각 장으로도 불린다. 그래서 장(爿)은 목도(木道)의 의미를 가지고 있는 것이다.

평상 상(牀)은 장(爿)과 목(木)으로 나무로 만든 상을 말하고, 씩씩할 장(壯)은 장(爿)과 사(士)로 선비가 신도(神道)를 씩씩하게 익히는 것이라 하겠다.

또한 조각 편(片)은 목(木)을 세로로 쪼갠 오른쪽 절반으로 나무 조각의 뜻과 납작하고 얇은 물체의 뜻을 나타내고, 부수로서는 널빤지로 만들어진 것, 패(牌), 조각 등에 관한 한자에 쓰이고 있다.

널 판(版)은 편(片)과 되돌릴 반(反)으로 나무를 쪼개서 만든 널판이고, 패패(牌)는 편(片)과 낮을 비(卑)로 나무로 만든 호패(號牌) 등을 말하는 것이다.

한자 한의 **한자읽기**

- 평상 상(牀) = 爿 + 木 : 나무를 가르다.
- 씩씩할 장(壯) = 爿 + 士 : 선비가 신도(神道)를 펴다.
- 널 판(版) = 片 + 反 : 나무를 나누다.
- 패 패(牌) = 片 + 卑 : 나무를 낮추다.

牙
어금니 아

어금니 아(牙)는 어금니의 위아래가 맞물리는 모양으로 '이'·'치아'의 뜻이다.

또 이(牙)가 치아의 의미만 가지고 있는 것이 아니라, 양(陽)과 재(才)로 이음의 뜻이 신시와 여래서 삼재(三才)로 드러난다는 의미로 해석된다.

단아한 아(雅)는 아(牙)와 새 추(隹)로 하늘의 소리를 전하는 새를 통해서 천지인(天地人) 삼재(三才)가 드러나는 것은 단아한 것이고, 싹 아(芽)는 초(艹)와 아(牙)로 새싹이 나오는 모습을 나타낸다.

『주역』에서 아(牙)는 "불깐 돼지의 어금니(분시지아 豶豕之牙)"라고 하여, 덕을 쌓기 위해 노력하는 모습을 상징하고 있다.

한자 안의 **한자**읽기

- 간사할 사(邪) = 牙 + 阝 : 마을에서 기울다.
- 단아할 아(雅) = 牙 + 隹 : 천명을 나타내다.
- 싹 아(芽) = 艹 + 牙 : 새싹

소우

소 우(牛)는 뿔이 있는 소의 상형으로 소와 관련된 한자에 사용되고 있다.

기를 목(牧)은 우(牛)와 복(攵)으로 소를 기르는 목장이고, 암컷 빈(牝)은 우(牛)와 비(匕)이고, 수컷 모(牡)는 우(牛)와 토(土)로 모두 소를 의미하고 있다.

『주역』의 입장에서 우(牛)는 인( )과 심( )의 합자로 인인한 성인이 하늘의 뜻을 자각한 것이다. 간지( )에서 소는 지지( )의 두 번째 축( )으로 오행의 토 토이고, 수( )는 십 을 나타내고 있다.

우(牛)가 들어간 한자 가운데 가장 많이 사용하는 것으로 물건 물(物)이 있다. 우리는 물(物)을 물건이나 만물로만 사용하고 있는데, 『주역』에서는 신물(神物), 시물(時物), 물의(物宜) 등으로 사용하여 단순히 물건을 의미하는 것을 넘어선 뜻이 드러나는 것으로 사용하고 있다. 물(物)은 우(牛)와 말 물(勿)의 합자로 성인이 진리를 자각하여 음양이 합덕된 것을 감싸고 있는 것으로 풀이할 수 있다. 물(勿)은 쌀 포(勹)와 두 이(二)이다.

『주역』에서는 "곤괘(坤卦)는 소가 되고(곤위우 坤爲牛)"라고 하여, 소가 곤괘(坤卦)의 원리를 상징하고 있다고 하였다. 곤괘(坤卦)는 음양이 만난 군자지도(君子之道)를 표상하는 괘이다.

또 『주역』에서 우(牛)는 "혹이 소를 메고(혹계지우 或繫之牛)", "어린 송아지의 우리(동우지곡 童牛之牿)", "잡아서 누른 소의 가죽을 쓴다(집지용 황우지혁 執之用 黃牛之革)", "역에서 소를 잃다(상우우역 喪牛于易)"라고 하여, 곤도(坤道)를 상징하고 있다.

· 기를 목(牧) = 牛 + 攵 : 소를 치다.
· 암컷 빈(牝) = 牛 + 匕 : 암 소
· 수컷 모(牡) = 牛 + 土 : 숫 소

犬
개 견

　견(犬)은 귀를 세운 개의 상형으로 개와 관련된 한자나 확장하여 짐승에 사용되고 있다. 견(犬)은 큰 개이고, 구(狗)는 작은 개이다.

　호(狐)는 견(犭)과 과(瓜)이고, 랑(狼)은 견(犭)과 양(良)으로 개의 의미를 담고 있는 형성문자이다. 또 광(狂)은 견(犭)과 왕(王)으로 짐승같이 사나운 왕은 미친 것이다.

　옥(獄)은 견(犭)과 언(言) 그리고 견(犬)으로 성인의 말씀을 지키는 군자로 해석할 수 있다. 옥(獄)은 사람의 죄를 판단해서 징계하는 곳이지만, 오히려 성인의 말씀을 실천하는 군자의 행동이 잘 드러나는 곳이라 하겠다.

　헌(獻)은 호(虍)와 격(鬲) 그리고 견(犬)으로 사나운 호랑이를 막는 개는 어진 군자이고, 획(獲)은 견(犭)과 초(艹) 그리고 추(隹)와 우(又)

로 군자가 손으로 천명을 잡고 있는 것이다.

또 짐승 수(獸)는 구(口) 3개와 전(田) 그리고 일(一)과 견(犬)으로 개와 같이 들판을 뛰어다니는 짐승을 뜻하고 땅을 상징하는 방(口)이 네 개가 들어 있으며, 날짐승 금(禽)은 인(人)과 문(文) 그리고 감(凵)과 유(禸)로 사람에게 하늘의 소리를 전해주는 새를 의미한다.

『주역』에서 견(犬)은 "간괘(艮卦)는 개가 되고(간위구 艮爲狗)"라고 하여, 군자인 간괘(艮卦)를 상징한다.

- 여우 호(狐) = 犭 + 瓜 : 짐승 이름
- 이리 랑(狼) = 犭 + 良 : 짐승 이름
- 미칠 광(狂) = 犭 + 王 : 짐승같이 사나운 왕
- 감옥 옥(獄) = 犭 + 言 + 犬 : 말씀을 지키는 개
- 어질 현(獻) = 虍 + 鬲 + 犬 : 사나운 호랑이를 막는 개
- 잡을 획(獲) = 犭 + 艹 + 隹 + 又 : 개가 새를 잡다.
- 짐승 수(獸) = 口 + 田 + 一 + 犬 : 들판을 다니는 짐승

玄
검을(가물) 현

김을(가물) 현(玄)은 실을 묶은 모양을 본뜬 글자로 '검다'·'깊숙하고 멀다'의 뜻을 가지고 있다.

현(玄)은 돼지 두(亠)와 작은 요(幺)가 만난 것으로 두(亠)는 하늘의 뜻이 이 현상에 펼쳐지는 것의 의미이고, 또 요(幺)는 작아서 잘 보이지 않는 의미이기 때문에 하늘의 작용은 오미(奧微)해서 잘 알 수 없다는 것이다.

『주역』에서는 "무릇 검고 누른 것은 하늘과 땅이 섞인 것이니, 하늘은 검고 땅은 누런 것이다(부현황자 천지지잡야 천현이지황 夫玄黃者 天地之雜也 天玄而地黃)"라고 하여, 천자문에서 사용된 현(玄)이 하늘의 뜻 내지 작용을 의미하는 것으로 '가물가물하다'는 의미인 것이다.

한사 인의 **한자**읽기

· 이 자(玆) = 玄 + 玄 : 이것
· 사랑할 자(慈) = 玄 + 玄 + 心 : 하늘이 드러난 마음

구슬 옥

　옥(玉)은 세 개의 옥을 세로의 끈으로 꿰맨 모양을 형상화한 것으로 '옥'이나 옥으로 만든 것, 옥의 상태 등의 한자에 사용되고 있다.

　진(珍)은 옥(玉)과 인(人) 그리고 삼(彡)으로 귀중한 옥이라는 뜻이고, 주(珠)는 옥(玉)과 주(朱), 림(琳)은 옥(玉)과 림(林), 환(環)은 옥(玉)과 환(還)으로 모두 옥(玉)의 뜻을 가진 형성(形聲)문자이다.

옥이은 많은 것을 일라다 하며 구슬으로 보석하며, 애고디의 진시한으로서 상세치으로 근적에 일라며, 없어진 낡구 없다. 읽다고 간식만을 일관하는 진대로 사악한 사람이며, 이러한 사람이 실현하는 원지가 없다 그의 질서이다.

　『주역』에서 '건괘(乾卦)는 옥이 되고(건위옥 乾爲玉)'이라 하여, 옥(玉)은 천도(天道)인 건괘(乾卦)를 상징하고 있기 때문에 한자에서도 이러한 의미를 찾을 수 있다.

현(現)은 옥(玉)과 견(見)으로 옥을 보는 것이 나타난 현재(現在)라는 것이다. 우리가 살아가는 지금이 진리가 드러난 것이기 때문에 현실(現實)이라고 부르는 것이다.

반(班)은 옥(玉) 2개와 도(刂)로 칼로 진리를 나누는 것이고, 반(斑)은 하늘의 천문(天文)이 옥(玉) 2개 사이에서 은은하게 빛나는 것이고, 서(瑞)는 옥(玉)과 산(山) 그리고 이(而 = 天)로 천도(天道)가 산에서 상서롭게 드러나는 것을 의미하고 있다.

리(理)는 옥(玉)과 리(里)로 형성문자이지만, '다스리다'는 뜻이 있어서 건도(乾道)인 옥(玉)을 다스리는 것이다.

### 한자 안의 한자읽기

- 보배 진(珍) = 玉 + 人 + 彡 : 사람을 꾸며주는 옥
- 구슬 주(珠) = 玉 + 朱 : 붉은 옥
- 나타날 현(現) = 玉 + 見 : 진리가 나타나다.
- 나눌 반(班) = 玉 + 刂 : 옥을 가르다.
- 상서 서(瑞) = 玉 + 山 + 而 : 산과 하늘의 옥
- 이치 리(理) = 玉 + 里 : 옥을 다스리다.

瓜

오이 과

오이 과(瓜)는 넝쿨에 열린 오이의 상형으로 오이나 박 등을 나타내는 부수이고, 여러 가지 종류의 오이를 나타내는 한자에 사용되고 있다.

바가지 표(瓢)는 표(票)와 과(瓜)로 박으로 만든 바가지이고, 외로울 고(孤)는 외로운 혈(子)과 과(瓜)로 외롭게 매달린 오이를 의미하고, 표주박 호(瓠)는 사람일 과(夸)와 과(瓜)로 바가지를 만드는 '박'이라는 뜻이다.

『주역』에서 과(瓜)는 "나무에 오이를 감싸고 있다(이기포과 以杞包瓜)"라 하여, 신도(神道)를 상징하는 나무에 매달려 있는 열매로 이야기하고 있다.

한자 안의 **한자**읽기

· 바가지 표(瓢) = 票 + 瓜 : 박으로 만든 바가지
· 외로울 고(孤) = 子 + 瓜 : 자식이 외롭게 매달려 있다.
· 표주박 호(瓠) = 夸 + 瓜 : 박으로 만든 작은 바가지

瓦

기와 와

기와 와(瓦)는 진흙을 구부려서 구운 질그릇의 상형으로 '질그릇'을 뜻하는 부수이다.

병 병(瓶)은 아우를 병(幷)과 와(瓦)이고, 항아리 옹(甕)은 화할 옹(雍)과 와(瓦)로 모두 와(瓦)의 뜻을 가진 형성문자이다.

· 병 병(瓶) = 幷 + 瓦 : 흙으로 만든 병
· 항아리 옹(甕) = 雍 + 瓦 : 흙으로 만든 항아리

단 감

달 감(甘)은 입 구(口)에 선을 하나 그은 것으로 음식을 입에 물고 있는 모양을 나타내어, 혀에 음식을 얹어서 단맛을 보는 것으로 '달다'·'맛있다'는 뜻을 가지고 있다. 대표적으로 달 첨(甜)은 감(甘)과 혀 설(舌)로 혀에서 단맛을 느끼는 것이다.

감(甘)은 수부 십(十)에 입 구(口)로 분석되어 이치가 처(十)로 나타내고 있다. 이것은 십(十)과 땅의 십(十)이 만나서 하나로 작용하는 의미이다.

하늘의 뜻이 사람의 마음속에 내려오는 이치를 이야기하고 있는 『주역』의 「지택림괘(地澤臨卦)」에서는 '감림(甘臨)'이라 하여, 하늘과 땅의 작용이 강림(降臨)하는 것을 이야기하고, 「수택절괘(水澤節卦)」에서는 '감절(甘節)'이라 하여, 하늘과 땅의 작용이 절도(節度)에 맞게 드러남을 이야기하고 있다.

한자 안의 **한자**읽기

- 달 첨(甜) = 甘 + 舌 : 혀에 달다.
- 임할 림(臨) = 臣 + 人 + 品 : 성인이 물건에 임하다.

生

날 생

생(生)은 초목이 땅 위에 생겨난 모양을 형상화한 것으로 '생겨나다'·'살다'의 뜻을 나타내고, '출산'·'생명' 등에 관한 한자에 사용되고 있다.

산(産)은 립(立)과 별(丿) 그리고 생(生)으로 생명을 다스려서 세우는 것이고, 생(甥)은 생(生)과 남(男)으로 자매가 낳은 남자 아이를 이르는 말이고, 생(牲)은 우(牛)와 생(生)으로 생(生)의 소리만 가져온 형성문자이다.

생(生)과 출(出)이 모두 '낳다'라는 뜻인데, 생(生)이 땅에서 만물이 나온다는 의미이고, 출(出)은 철(屮)과 감(凵)으로 하늘을 향해서 싹이 나오는 것이다. 또 굴(屈)에서와 같이 죽음에서 나오는 것이기 때문에 출(出)은 사람의 근원인 하늘에서 나온다는 의미라 하겠다.

뜻을 얻어서 전해주는 성인의 탄생을 뜻하는 것이다. 이는 우리에게 주어진 생명은 바로 성인이 밝힌 진리의 말씀에 근거해서 살아갈 때 참다운 삶의 의미가 있음을 가리키는 것이다.

『주역』「계사상」 제 5장에서는 "낳고 낳는 것을 일러 역(易)이다(생생지위 역 生生之謂 易)"라고 하여, 성인이 진리를 밝히고 있음을 이야기하고 있다. 또 「계사하」 제 1장에서는 "천지의 위대한 덕은 낳는 것이다(천지지대덕왈 생 天地之大德曰 生)"라고 하여, 하늘과 땅의 위대한 사랑은 자신의 뜻을 깨우치는 성인에게 있다고 하였다.

한자 안의 **한자**읽기

- 낳을 산(産) = 立 + 丿 + 生 : 생명을 세우다.
- 생질 생(甥) = 生 + 男 : 사내를 낳다.
- 희생 생(牲) = 牛 + 生 : 소를 살리다.

用
쓸 용

용(用)은 '사용하다'는 의미로 이는 하늘의 작용이라 하겠다.

보(甫)는 주(丶)와 일(一) 그리고 용(用)으로 직접 하늘을 상징하는 주(丶)와 그 작용인 일(一)을 사용하여 하늘의 작용이 크다는 의미로 해석할 수 있다. 주(周)는 용(用)과 구(口)로 세상에 십일(十一)의 원리를 두루 사용하고 있는 것이다.

『주역』의 입장에서 용(用)은 빈 공간 口에 십十과 일一이 들어 있는 것으로 풀이된다. 빈 공간 口은 앞에서 이야기한 것과 같이 하늘을 설정하는 원리이고 십十과 일一은 하늘의 마디로 작용하는 것을 상징하고 있다. 주역의 61괘 38효에서 양효이면 '用九대九'라 하고, 음효이면 '用六대六'이라 하여, 십십一一의 가능함을 역설하고 있다.

· 클 보(甫) = 丶 + 一 + 用 : 하나를 크게 쓰다.
· 두루 주(周) = 用 + 口 : 세상에 쓰다.

밭 전

전(田)은 구획된 사냥터나 경작지의 상형으로 '사냥'·'논밭'의 뜻을 나타낸다.

사이 계(界)는 전(田)과 사이 개(介)로 밭의 사이를 갈라놓은 것으로 토지의 경계를 말하고, 쌓을 축(畜)은 현(玄)과 전(田)으로 밭에 무엇을 쌓아 놓은 형상으로 저축하다는 뜻이다.

화(畵)은 구구의 접다구으로 내 마음 속에 하느님 훗님의 믿어오던 짐을 어머다기 때문에 화화(畵畵)이라 하했다.

생각 사(思)는 전(田)과 심(心)으로 사람의 생각은 하늘의 뜻에 따르는 마음이어야 하고, 두려워할 외(畏)는 내 마음에 들어와 있는 하늘의 뜻을 두려워하는 것이고, 머무를 류(留)는 내 마음에 머무는 것이다. 또 다를 이(異)는 전(田)과 함께 공(共)으로 내 마음속에 들어와 있는 십(十)과 공유되는 십(十)은 같으면서도 다른 것이다.

194

『주역』에서 전(田)은 "나타난 용이 밭에 있다(현룡재전 見龍在田)", "밭에 날 짐승이 있다(전유획 田有禽)", "밭에서 여우 3마리를 획득하다(전획삼호 田獲三狐)", "밭에서 3개의 물품을 획득하다(전획삼품 田獲三品)"이라 하여, 전(田)이 사람의 마음임을 이야기하고 있다.

한자 인의 **한자**읽기

- 생각 사(思) = 田 + 心 : 마음의 밭
- 두려워할 외(畏) = 田 + 一 + 丿 : 마음 밭을 다스리다.
- 머무를 류(留) = 丿 + 刀 + 田 : 밭에 머물다.
- 다를 이(異) = 田 + 共 : 마음 밭이 다르다.

疋
ᄑᆡ 필

　필(疋)은 족(足)과 같은 모양으로 발의 모양을 본뜬 것으로 걸어가는 발을 뜻하고 있다.

　　　　소(疏)는 필(疋)과　　　류(流)의 오른쪽으로 흐름이 통하여 발걸음 이 트인 소통(疏通)이 되는 것이고,　　　　의(疑)는 비(匕)와 시(矢) 그리고 사(厶)와 필(疋)로 사람이 고개를 쳐들고 생각하며 서 있는 모습이라 하겠다.

　• 트일 소(疏) = 疋 + 流 : 발이 흘러가다.
　• 의심할 의(疑) = 匕 + 矢 + 厶 + 疋 : 거꾸로 생각하다.

녁(疒)은 사람이 병들어 침대에 기대는 모양에서 '의지하다'·'질병'의 뜻으로 쓰이고, 병이나 상해, 그에 따르는 것들에 대한 한자에 사용되고 있다.

질(疾)은 녁(疒)과 시(矢)이고, 병(病)은 녁(疒)과 병(丙)으로 질병(疾病)으로 사용되고 있다. 또 피(疲)는 녁(疒)과 피(皮)이고, 통(痛)은 녁(疒)과 사(厶) 그리고 용(用)으로 병이 들어서 고통을 받는 것을 의미하고 있다.

질병을 고치는 것에도 녁(疒)이 사용되는데, 료(療)는 녁(疒)과 료(尞=料)로 병을 다스려 고친다는 뜻이고, 유(癒)는 녁(疒)과 유(愈)로 마음의 병이 낫는다는 치유(治癒)의 의미를 가지고 있다.

한자읽기

= 疒 + 矢 : 화살이 병들다.
= 疒 + 丙 : 싹이 병들다.
= 疒 + 皮 : 몸이 힘들다.
= 疒 + 厶 + 用 : 병이 작용하다.
= 疒 + 尞 : 병을 다스리다.
= 疒 + 愈 : 병이 낫다.

癶
걸을 발

걸을 발(癶)은 두 발을 벌린 모양을 본뜬 것으로 발의 동작에 관한 한자를 이루고 있다. 대표적인 필 발(發)의 소리와 뜻에 따라 '필 발 머리'라고 부르기도 한다.

필 발(發)은 발(癶)과 궁(弓) 그리고 창을들이 수(殳)로 몸을 일으켜 활짝 펴는 모양이고, 오를 등(登)은 발(癶)과 콩 두(豆)로 사람이 두 손으로 무엇인가를 받들어 움직이는 것을 의미하고, 열째 천간 계(癸)는 발(癶)과 천(天)으로 천간(天干)의 마지막에서 하늘이 활짝 펴진 것을 의미하고 있다.

・ 필 발(發) = 癶 + 弓 + 殳 : 몸이 활짝 피다.
・ 오를 등(登) = 癶 + 豆 : 받들고 오르다.
・ 열째 천간 계(癸) = 癶 + 天 : 하늘이 피다.

흰 백

흰 백(白)은 빛을 상형한 것이라고도 하고, 머리가 흰 것의 상형이라고 하여, '희다'·'밝다'라는 뜻을 나타내는 한자에 사용되고 있다.

백(白)은 숨( )와 왼(白)로 하늘이 말하는 것인데, 주역에서는 신도(神道)하를 상징하는 손괘(巽卦)를 의미하며, '백마(白馬)'·'백모(白茅)' 등으로 사용하고 있다.

우리 민족을 백의(白衣) 민족으로 부르는 것은 흰 옷을 입는 민족이란 뜻도 있지만, 백(白)은 하늘 신성(神性)을 상징하는 것으로 하늘의 뜻을 계승한 민족이라는 의미도 있다. 또 배달의 민족에서 배달은 '밝은 달'이라는 뜻으로 백(白)과 뜻이 서로 통하고 있다.

과녁 적(的)은 백(白)과 포(勹) 그리고 주(丶)로 하늘의 뜻을 감싸고 하늘의 신도가 표준이 되는 것이고, 일백 백(百)은 일(一)과 백(白)으로 100세인데, 99세는 하나(一)가 빠진 백수(白壽)로 불린다.

**한자**읽기

· 과녁 적(的) = 白 + 勹 + 丶 : 하늘의 한 점
· 일백 백(百) = 一 + 白 : 100

皮
가죽피

　　　피(皮)는 짐승의 가죽을 벗겨 내는 모양으로 '가죽'의 뜻을 나타내고, 피부(皮膚)에 관한 한자에 사용되고 있다.

　　　포(皰)는 피(皮)와　　포(包)로 피부에 생기는 작은 부스럼의 뜻과 소리가 만난 형성(形聲)문자이다.

　　피부(皮膚)에서 피(皮)가 동물의 표피나 식물의 껍질을 의미한다면, 　　부(膚)는 호(虍)와　　위(胃)로 겉의 살갖뿐만 아니라 속살을 말하는 것이다.

　　『주역』에서는 "살갖을 씹어서 코를 없앤다(서부멸비 噬膚滅鼻)", "책상을 무너뜨리는데 살갖으로 한다(박상이부 剝牀以膚)", "살갖을 씹는다(서부 噬膚)"라고 하여, 사람의 욕망을 외부로 드러내는 것이라는 의미를 담고 있다.

　• 어드름 포(皰) = 皮 + 包 : 가죽을 감싸다.
　• 살갗 부(膚) = 虍 + 胃 : 사나운 호랑이의 위

명(皿)은 음식을 담는 그릇을 본뜬 것으로 여러 종류의 접시나 접시에 담는 일 등 접시와 관련된 한자에 사용되고 있다.

영(盈)은 내(乃)와 우(又) 그리고 명(皿)으로 손으로 다스림을 잡아서 그릇에 가득 채운 것이고, 익(益)은 수(水)와 명(皿)으로 하늘의 은택인 물을 그릇에 넘치게 더해주는 것이고, 성(盛)은 성(成)과 명(皿)으로 그릇에 가득 차게 이루니 성한 것이다.

또 명(皿)은 목(目)을 눕혀 놓은 것으로 감(監)과 감(鑑)에 쓰인 것이 대표적이다.

한자읽기

- = 乃 + 又 + 皿 : 다스림을 잡아서 채우다.
- = 川 + 皿 : 그릇에 물이 넘치다.
- = 成 + 皿 : 그릇이 이루어지다.
- = 臣 + 人 + 一 + 皿 : 어진 사람이 하나로 보다.
- = 金 + 監 : 건도(乾道)를 보다.

눈 목

목(目)은 사람의 눈 모양을 본뜬 것으로 눈꺼풀에 덮여 보호되고 있는 눈을 나타내고, 눈의 움직임이나 상태, 보는 일 등에 사용되고 있다. 목(目)은 눈의 모양을 닮아서 '세상을 본다'는 눈의 작용을 가지고 있다.

직(直)은 십(十)과 목(目) 그리고 일(一)로 하늘부터 땅까지를 곧게 보는 것이 정직한 것이고, 맹(盲)은 망(亡)과 목(目)으로 눈의 기능이 없어진 사람이 맹인(盲人)이고, 상(相)은 목(木)과 목(目)으로 하늘의 작용을 서로 서로 보는 것이고, 성(省)은 소(少)와 목(目)으로 눈으로 적은 허물까지 살펴보는 것이고, 간(看)은 삼(三)과 별(丿) 그리고 목(目)으로 눈으로 천지인(天地人) 삼재를 보는 것이다.

또 목(目)은 단순히 본다는 것을 넘어서서 사람과 사람의 관계를 맺어주는 공공적인 모임을 보는 것으로 '목시세회(目視世會)'의 의미를 가지고 있다.

으로 『주역』에서 원형이정(元亨利貞)의 사상(四象)과 인예의지(仁禮義智) 사덕(四德)의 의미를 담고 있다.

『주역』에서 목(目)은 "이괘(離卦)가 눈이 되고(이위목 離爲目)", "남편과 아내가 반목하고(부처반목 夫妻反目)"라 하여, 땅의 뜻을 드러내는 이괘(離卦)로 이야기하고 있다.

한자 안의 **한자**읽기

- 곧을 직(直) = 十 + 目 + 一 : 십에서 일까지 보다.
- 눈멀 맹(盲) = 亡 + 目 : 눈이 멀다.
- 서로 상(相) = 木 + 目 : 서로 신도(神道)를 보다.
- 살필 성(省) = 少 + 目 : 작게 보다.
- 볼 간(看) = 三 + 丿 + 目 : 삼재(三才)를 다스려 보다.

矛

모(矛)는 긴 자루의 머리 부분에 날카로운 날을 매단 무기인 창에서 형상화한 것으로 창이나 무기와 관련된 한자의 부수로 사용되고 있다.

그러나 자체 단어인 모순(矛盾)을 제외하고는 모(矛)가 들어간 한자 가운데 창이나 무기의 의미를 가진 것은 많이 사용되지 않는다. 오히려 유(柔)나 긍(矜), 무(務) 등 다른 의미를 가지고 있다.

먼저 유(柔)는 모(矛)와 목(木)으로 『시경(詩經)』에서는 초목의 싹이 나온 지 얼마 되지 않는 부드러운 것이라 하고, 『한한대자전(漢韓大字典)』에서는 창의 자루가 될 수 있는 유연한 나무는 '부드럽다'로 풀이하고 있다.

유(柔)는 강(剛)과 함께 많이 사용하는데 그 의미를 생각해보면, 유(柔)의 모(矛)는 팔괘(八卦) 가운데 이괘(離卦)를 상징하는 창으로 땅의 뜻을 의미하는 곤괘(坤卦)의 중정지기이며, 강(剛)은 강(岡)과 도(刂)로 강(岡)은 망(网)과 산(山)으로 분석되어 천도(天道)를 상징하는 경(冂)이 기본이 되기 때문에 하늘의 뜻을 의미하는 건괘(乾卦)로 이해된다.

『주역』에서는 직접적으로 건괘(乾卦)는 강함에이고 곤괘(坤卦)는 유순하
다라고만 ...... 하였다. 건(乾)의 ...... 유(柔)의 ...... 에
서도 강함과 부드러운 이미지를 찾을 수 있다.

또 불쌍히 여길 긍(矜)은 모(矛)와 이제 금(今)으로 세모난 창을 지금 들고
있는 것이고, '엄숙하다'·'공경하다'·'삼가다' 등 사람의 행동을 나타내고 있
다. 다른 한편으로 사상철학에서는 '자긍하는 마음은 자긍하는 생각이며(긍
심 긍려야, 矜心·矜慮也)'라고 하여, 긍심(矜心)은 자신의 재능을 믿고 사납게 자
랑하는 마음으로 해석하고 있다.

힘쓸 무(務)는 모(矛)와 복(攵) 그리고 력(力)으로 힘써 일하는 의미를 가
지고 있는데, 마찬가지로 땅을 대표하는 사람이 성인의 가르침(攵)에 힘쓰
는 것으로 이해할 수 있다.

한자 안의 **한자**읽기

- 부드러울 유(柔) = 矛 + 木 : 신도(神道)를 드러내다.
- 불쌍히 여길 긍(矜) = 矛 + 今 : 지금에 매이다.
- 힘쓸 무(務) = 矛 + 攵 + 力 : 힘써 치다.

矢

화살 시

화살 시(矢)는 화살이라고 이름이 붙여졌는데, 화살 시(矢)가 들어간 글자와의 관계를 찾기 어려운 한자이다. 가장 많이 사용하는 알 지(知) 내지 지혜 지(智)도 시(矢)가 부수인데 어떻게 설명이 되는지 생각해보자.

화살은 원래 하늘을 날아다니는 짐승을 잡는 것이고 날짐승은 『주역』에서 하늘의 소리를 전하는 천사(天使)의 상징으로 사용되고 있다. 따라서 지(知)는 하늘의 소리를 전하는 날짐승을 화살로 잡아서 말로 알려주는 것이라 해석할 수 있다.

『계사하』에서는 그대로 깎아서 화살을 만든다[剡木爲矢] 라는 이야기가 있는데, 이것도 나무를 깎아서 화살을 만드는 것이라 했지만, 진도(震卦) 내지 목도(木卦)를 상징하는 나무에서 하늘의 천명을 잡는 화살을 만드는 것으로 해석해야 그 철학적 의미가 살아나는 것이다. 『주역』에 나오는 많은 사실적으로 이해하는 것은 그 의미를 왜곡하거나 근본적 의미를 보지 못한 것이다.

또 다른 한편으로는 화살 시(矢)는 인(亠)과 큰 대(大)로 분석할 수 있다. 사람 인(人)에서 이야기한 것과 같이 높은 사람 인(亠)은 편안한 사람으로 진리를 자각한 성인을 상징하고 있기 때문에 화살 시(矢)는 성인이 하늘의 위대한(大) 뜻을 자각한 것을 의미한다. 그래서 알 지(知)는 성인이 하늘의 진리를 자각하여 말씀하는 것으로 풀이된다.

『주역』에서는 지혜 지(智)와 알 지(知)가 서로 통용되는 것으로 지혜 지(智)는 날 일(日)을 더함으로써 하늘의 뜻을 밝게 아는 것으로 해석할 수 있다.

화살 시(矢)는 화살의 모양을 하고 있지만, 짐승을 잡는 화살의 의미만으로 한자가 해석되지 않는 부분의 의미를 『주역』의 입장에서 해석하는 것이다.

또 곱자 구(矩)는 네모를 그리는 곱자이지만, 법을 의미하는 것으로 시(矢)와 클 거(巨)로 성인이 진리를 자각하여 크게 한 것이 바로 세상의 법이 되는 것이다. 구(矩)는 그림쇠 규(規)와 함께 규구(規矩)로 사용되어 세상의 기준이 되는 법과 규정이 되는 것을 의미하고 있다.


바로잡을 교(矯)는 시(矢)와 높을 고(高)가 합쳐진 한자로, 바로 잡는 것은 성인이 자각한 진리를 높이 받드는 것에 근거해야 한다고 할 수 있다. 또한 시(矢)를 넘어선 것은 바로 잃을 실(失)인데, 성인의 가르침을 넘어선 사람들의 관념은 하늘의 뜻을 잃어버리는 것이고, 그것이 허물이 되는 것이다.

한자 인의 **한자**읽기

- 지혜 지(智) = 矢 + 口 + 日 : 화살을 말하다.
- 곱자 구(矩) = 矢 + 巨 : 큰 화살
- 그림쇠 규(規) = 夫 + 見 : 하늘을 보다.
- 바로잡을 교(矯) = 矢 + 高 : 높은 화살
- 잃을 실(失) = 大 + ㇒ : 성인을 넘어서다.

石 석

석(石)은 엄(厂) 밑에 있는 작은 돌덩이를 형상화한 것으로 여러 종류의 돌이나 광물 등에 관한 한자에 사용되고 있다.

석(碩)은 석(石)과 혈(頁)로 군자의 머리는 커야 하며, 연(研)은 석(石)과 간(干) 2개로 군자가 십일(十一)의 원리를 연구하는 것이 궁구(窮究)하는 것이다.

『주역』에서 석(石)은 "돌의 사이에서(개우석 介于石)", "돌에서 곤궁하다(곤우석 困于石)", "간괘(艮卦)는 작은 돌이 되고(간위소석 艮爲小石)"라 하여, 군자를 상징하는 간괘(艮卦)로 이야기하고 있다.

한자 안의 **한자**읽기

- 모래 사(砂) = 石 + 少 : 작은 돌
- 깨질 파(破) = 石 + 皮 : 돌의 가죽
- 비석 비(碑) = 石 + 卑 : 돌을 낮추다.
- 클 석(碩) = 石 + 頁 : 돌이 머리가 되다.
- 궁구할 연(研) = 石 + 干 + 干 : 십일(十一)을 닦다.

示

보일 시

보일 시(示)는 신에게 희생 제물을 바치는 형상을 본뜬 것이라고 하는데, 오히려 하늘의 빛이 세상에 비치는 모양을 형상화한 것으로 보인다.

시(示)에서 이 二는 하늘과 땅이고, 작은 소小는 빛이 비치는 모양으로 '신'·'제사'·'신이 내리는 화복(禍福)' 등에 관한 한자에 쓰이고 있다.

귀신 신(神)은 시(示)와 펼 신(申)으로 하늘의 뜻이 펼쳐진 것이 귀신이라는 뜻이고, 땅 귀신 사(社)는 시(示)와 토(土)로 사직(社稷)을 관장하는 신(神)을 의미하고, 제사(祭祀)는 모두 시(示)가 주제가 되는 것이고, 기도(祈禱)도 모두 근원적 존재인 하늘에 비는 것으로 시(示)가 들어 있고, 빌 축(祝)도 마찬가지이다.

조상 조(祖)도 시(示)와 차(且)로 조상에게 제사를 지내는 모습을 닮아 있고, 사당 사(祠)는 시(示)와 맡을 사(司)로 조상에게 제사 지내는 곳이다. 예절 예(禮)는 시(示)와 풍(豊)으로 하늘의 뜻에 감사하는 제사를 모시는 의미를 담고 있다. 예(禮)는 하늘과 사람의 만남을 근본으로 사람과 사람의 만남의 이치이다.

또 <sub>시</sub>례 종(宗)은 면(宀)과 <sub>보</sub>인 시(示)로 빛이 내려오는 집에 함께 있는 것이 겨레이고, <sub>금</sub>할 금(禁)은 <sub>수풀</sub> 림(林)과 시(示)로 나무가 우거진 신성한 곳에는 들어가지 못하도록 금하는 것이고, <sub>막</sub>을 어(禦)는 <sub>어거할</sub> 어(御)와 시(示)로 하늘의 뜻을 맞아들이는 것은 재앙을 막는 것이다.

『주역』에서 시(示)는 "주역(周易)에 사상(四象)이 있는 것은 계시되는 까닭이고(역유사상 소이시야 易有四象 所以示也)", "무릇 건도(乾道)는 확연하여 보는 사람이 쉽고, 무릇 곤도(坤道)는 퇴연하니 보는 사람이 간단하다(부건확연 시인이의 부곤퇴연 시인간의 夫乾確然 示人易矣 夫坤隤然 示人簡矣)"라고 하여, 하늘의 작용이 드러나는 것과 그것을 보는 것으로 이야기하고 있다.

한자 안의 **한자**읽기

- 귀신 신(神) = 示 + 申 : 신이 펴지다.
- 땅 귀신 사(社) = 示 + 土 : 땅의 신
- 빌 축(祝) = 示 + 兄 : 신이 드러나다.
- 조상 조(祖) = 示 + 且 : 돌아간 신
- 예도 예(禮) = 示 + 豊 : 신에 바치다.
- 겨레 종(宗) = 宀 + 示 : 집의 신
- 금할 금(禁) = 林 + 示 : 신의 숲
- 막을 어(禦) = 御 + 示 : 신을 어거하다.

짐승 유

　짐승 발자국 유(禸)는 짐승의 발자국 모양을 형상화한 것으로 짐승의 뜻을 가지고 있다고 하지만, 단순히 짐승의 뜻만 가진 것이 아님을 유(禸)가 부수인 한자를 보면 알 수 있다.

　『주역』에서 유(禸)는 정(丁)과 사(厶)가 합해진 것으로 정(丁)을 하늘의 인(仁)을 상징하고, 사(厶)는 아직 성숙하지 않는 나를 의미하기 때문에 사람이 태어나기 이전에 하늘의 뜻에 厸이가 있는 모습이라 하겠다.

　짐승을 의미하는 한자인 금수(禽獸)에서 금(禽)은 날짐승이고, 수(獸)는 땅을 뛰어다니는 짐승인데, 금(禽)의 부수가 유(禸)로 땅을 뛰어다니는 짐승의 발자국을 보고 유(禸)를 형상화하였다는 것과 모순이 생기는 것이다. 금(禽)은 하늘을 날아다니는 짐승으로 하늘의 소리를 전하는 천사(天使)의 의미를 가지고 있다. 따라서 유(禸)는 하늘의 소리를 전하는 천사(天使)의 발자국으로 해석해야 한다.

　유(禸)가 부수인 긴 꼬리 원숭이 우(禺)는 이름만 원숭이이지 그 뜻은 '일의 실마리'나 '신이나 해가 나타나는 지역' 등으로 사용되고 있다. 우(禺)는 일(日)과 유(内)의 만남으로 하늘의 뜻이 날짐승을 통해 드러난다는 의미를 담고 있는 것이다.

만(萬)은 초(卄)와 우(禺)의 만남인데, 하늘의 십(十)과 땅의 십(十)의 뜻이 완전히 드러난 것을 의미하는 것이다. 만물(萬物)은 세상에 있는 모든 물건으로 하늘과 땅의 모든 것을 의미하고 있다.

우(寓)는 '머물다'·'숙소' 등의 의미인데, 집(宀)은 하늘의 뜻이 드러나기 때문에 그곳에서 살아가는 것이며, 우(喁)는 사람(口)이 하늘의 뜻을 드러내는 천사(天使)에 화답하는 것이다. 우(喁)는 '숨 쉬다'·'입을 벌름거리다' 등의 뜻으로 모두 하늘과 소통하는 것이다.

우(偶)는 짝수이자 '우연히'라는 뜻인데 자신의 뜻을 세운 사람은 우(禺)와 짝이 되는 것이고, 우(愚)는 우(禺)와 심(心), 우(遇)는 우(禺)와 착(辶), 우(隅)는 부(阝)와 우(禺)로 모두 소리에서 따온 형성(形聲)문자이다.

- 긴 꼬리 원숭이 우(禺) = 日 + 内 : 해가 있는 곳
- 일만 만(萬) = 卄 + 禺 : 모든 것
- 붙어살 우(寓) = 宀 + 禺 : 살아가는 곳
- 화답할 우(喁) = 口 + 禺 : 신에게 말하다.
- 짝 우(偶) = 亻 + 禺 : 사람과 해가 짝하다.
- 어리석을 우(愚) = 禺 + 心 : 해가 드러난 마음
- 만날 우(遇) = 辶 + 禺 : 해와 만나다.
- 모퉁이 우(隅) = 阝 + 禺 : 해가 나타나는 언덕

禾
벼 화

벼 화(禾)는 벼 이삭 끝이 줄기에 늘어진 모양을 본떠서 만든 것으로 벼·곡물이나 그 수확물과 관계되는 한자에 사용되는 부수이다. 대표적으로 씨 종(種), 심을 가(稼), 쌓을 적(積), 거둘 색(穡) 등이 있다.

그런데 화(禾)가 벼와 전혀 다른 의미를 가진 한자를 여러 가지로 찾아 볼 수 있다.

먼저 법 정(程)은 화(禾)와 구(口) 그리고 임(壬)으로 신도(神道)를 다스려 왕도를 말로 하는 것이고, 구실 세(稅)는 화(禾)와 태(兌)로 백성들에게 거두어들이는 조세(租稅)의 제도를 의미하고, 차례 질(秩)은 화(禾)와 실(失)로 하늘의 뜻을 지나치지 않게 하기 위해 질서를 지켜야 하는 것이다. 따라서 화(禾)는 법이나 제도의 뜻이 있는 것이다. 이는 화(禾)가 별(丿)과 목(木)으로 분석되어, 신도(神道)를 다스린다는 의미를 가지고 있기 때문이다.

또 화합할 화(和)는 화(禾)와 구(口)로 신도(神道)를 다스려 말씀으로 서로 화합하는 것이고, 날카로울 리(利)는 화(禾)와 도(刂)로 신도(神道)를 다스리는 것이 도끼와 같이 날카롭다는 의미이다.

사(私)는 화(禾)와 사(厶)인데 나 개인이 벼를 사사로이 한다고 풀이하기도 하지만, 사(私)는 자신의 입장에서 하늘의 뜻을 생각하는 것이다.

한자 인의 **한자**읽기

- 사사로울 사(私) = 禾 + 厶 : 나의 벼
- 법 정(程) = 禾 + 口 + 壬 : 선비가 다스리는 법
- 구실 세(稅) = 禾 + 兌 : 백성들을 살리다.
- 차례 질(秩) = 禾 + 失 : 신도(神道)의 질서
- 화합할 화(和) = 禾 + 口 : 신도(神道)를 말하다.
- 날카로울 리(利) = 禾 + 刂 : 벼를 베다.
- 씨 종(種) = 禾 + 重 : 벼의 무거운 것
- 심을 가(稼) = 禾 + 家 : 벼를 심는 집
- 쌓을 적(積) = 禾 + 責 : 벼를 쌓다.

穴
구멍 혈

혈(穴)은 동굴에서 생활하던 시대의 주거를 본뜬 것으로 '구멍'이나 '굴'의 뜻을 나타내며, 구멍의 상태나 구멍을 뚫는 일 등의 한자에 사용되고 있다.

천(穿)은 혈(穴)과 아(牙)로 어금니로 구멍을 뚫는다는 의미이고, 돌(突)는 혈(穴)과 견(犬)으로 구멍에 개가 부딪치는 것이다.

구(究)는 혈(穴)과 구(九)로 하늘의 작용을 구(九)까지 밀고 가는 것이 궁구하는 것이고, 공(空)은 혈(穴)과 공(工)으로 팔(八)의 원리로 하늘과 땅을 연결시키는 것은 십(十)의 원리를 사용하는 것이기 때문에 무엇이라 말할 수 없으니 비었다고 하는 것이고, 궁(窮)은 혈(穴)과 신(身) 그리고 궁(弓)으로 일정한 구멍에서 자신의 노력을 다한다는 의미이다.

『주역』에서 혈(穴)은 "구멍으로부터 나오다(출자혈 出自穴)", "구멍에 들어가다(입우혈 入于穴)", "주살로 저 구멍에 있는 것을 취하다(익취피재혈 弋取彼在穴)"라고 하여, 어려운 상황을 피하기 위한 자리로 이야기하고 있다.

- 뚫을 천(穿) = 穴 + 牙 : 어금니로 구멍을 내다.
- 부딪칠 돌(突) = 穴 + 犬 : 개가 부딪치다.
- 궁구할 구(究) = 穴 + 九 : 아홉까지 연구하다.
- 빌 공(空) = 穴 + 工 : 빈 구멍
- 다할 궁(窮) = 穴 + 躬 : 자신을 다하다.

立

설 림

립(立)은 땅위에 사람이 선 모양을 형상화한 것으로 '서다'·'세우다'·'이루다' 등의 뜻을 가지고 있다.

또 립(立)은 사람이 그냥 서 있는 모습을 넘어서 마음이 올바로 서 있는 입지(立志)된 군자(君子)의 의미를 담고 있다. 립(立)은 육(六)와 팔(八) 그리고 일(一)로 분석되어, 하늘의 작용인 여덟이 하나로 쓰인다는 의미로 풀이된다.

립(立)은 녁(疒)과 상대적인 의미를 가지고 있다. 선 것이 립(立)이고 병든 것이 녁(疒)으로 위의 두(亠)는 그대로 이지만, 아래의 팔(八)과 일(一)이 가지런히 선 것과 옆으로 누운 것으로 구분된다. 입지(立志)된 마음을 통해 옆으로 누운 녁(疒)을 가지런히 하는 것이 치유(治癒)임을 생각할 수 있다.

다음 신(辛)은 립(立)과 십(十)으로 하늘의 뜻 위에 선 것으로 고생하다는 뜻이 있고, 천간(天干)의 여덟 번째이다. 다음 장(章)은 립(立)과 일(日) 그리고 십(十)으로 매울 신(辛) 사이에 일(日)이 들어가 있는데, 밝을 장(章)으로 사용되어 하늘의 뜻이 드러나는 것을 의미하고 있다.

여기서 병(竝)은 나란히 서 있는 모습으로 병렬(竝列) 등으로 사용되고 있다.

병(竝)을 확장한 다툴 경(競)이 있는데 형(兄)과 형(兄)이 서로 나란히 경쟁하고 있다는 뜻이다.

『주역』에서 립(立)은 "뜻을 세웠거든 방소를 바꾸지 않는다(입불역방 立不易方)", "상을 세우다(입상 立象)", "강유는 근본을 세우는 것이다(강유자 입본자야 剛柔者 立本者也)"라고 하여, 진리를 세우는 것이라 하고, 『논어』에서는 "30세에 세우고(三十而立)"라고 하여, 군자가 되고자 하는 사람은 먼저 뜻을 올바로 세워야 하는 '입지(立志)'를 이야기하고 있다.

한자 안의 **한자**읽기

- 매울 신(辛) = 立 + 十 : 하늘 위에 서다.
- 빛날 장(章) = 立 + 日 + 十 : 하늘이 서다.
- 아우를 병(竝) = 立 + 立 : 나란히 서다.
- 다툴 경(競) = 竝 + 兄 : 나란히 다투다.

竹
대죽

대나무 죽(竹)은 대나무의 형상으로 대나무의 뜻을 나타낸다. 옛날에 종이가 발견되기 전에 글자는 죽간(竹簡)을 사용했기 때문에 문서(文書)와 관련된 한자에도 사용되고 있다.

붓 필(筆)은 죽(竹)과 붓 율(聿)이고, 문서 책(策)은 죽(竹)과 목(木) 그리고 경(冂)이고, 셈 산(算)은 죽(竹)과 목(目) 그리고 입(廾)이고, 마디 절(節)은 죽(竹)과 곧 즉(即)으로 대나무의 의미를 담고 있다.

주의의 입장에서 죽간을 분석해보면, 누워 있는 사람으로 대나무, 곧 대나무 마디는 잘라내 진리를 적리라 편집된 것이어 가르침을 배우에 합 대마로 공의된다.

이러한 뜻에서 웃음 소(笑)는 죽(竹)과 별(丿) 그리고 대(大)로 성인이 가르침을 베푸니 웃음이 저절로 나오는 것이고, 대답할 답(答)은 죽(竹)과 합할 합(合)으로 성인의 가르침에 합하는 것이 대답하는 것이다.

차례 제(第)는 죽(竹)과 조(弔)와 별(丿)로 성인의 가르침을 차례로 다스리는 의미로 해석되고, 도타울 독(篤)은 죽(竹)과 말 마(馬)로 건도(乾道)를 상징하는 말에 의해서 성인의 가르침이 도타워지는 것이다. 또 등급 등(等)은 죽(竹)과 문지기 시(寺)로 문을 지키는 문지기가 성인의 가르침에 따라 등급을 부여하는 것이다.

- 붓 필(筆) = 竹 + 聿 : 대나무에 글을 쓰다.
- 문서 책(策) = 竹 + 木 + 冂 : 대나무로 묶다.
- 셈 산(算) = 竹 + 目 + 廾 : 대나무로 헤아리다.
- 마디 절(節) = 竹 + 卽 : 대나무의 마디
- 웃을 소(笑) = 竹 + 丿 + 大 : 성인이 가르침을 베풀다.
- 대답할 답(答) = 竹 + 合 : 성인의 가르침에 합하다.
- 차례 제(第) = 竹 + 弔 + 丿 : 성인의 가르침을 다스리다.
- 도타울 독(篤) = 竹 + 馬 : 성인의 가르침 아래에 말이 있다.
- 등급 등(等) = 竹 + 寺 : 대나무를 지키는 문지기

쌀 미

쌀 미(米)는 가로획은 곡식 이삭이고 여섯 점은 그 열매의 부분으로 '쌀'의 뜻을 가지고 있다.

미(米)는 보통 위의 팔(丷)과 십(十) 그리고 아래의 팔(八)로 보아 팔십팔(八十八)로 분석한다. 벼농사를 지어 쌀이 되기 위해서는 여든 여덟 번의 농부 손을 거쳐야 한다는 의미도 담고 있다.

가루 분(粉)은 미(米)와 나눌 분(分)으로 쌀이 나누어진 것이고, 비 속(粟)은 서(西)와 미(米)이고, 죽 죽(粥)은 궁(弓) 사이의 미(米)로 쌀을 갈아서 끓인 것이고, 똥 분(糞)은 미(米)와 다를 이(異)로 쌀이 다른 것으로 변하여 된 것이라 하겠다.

미(米)의 위에 있는 팔(丷)은 거꾸로 있기 때문에 한 곳으로 모이는 것이라면, 아래에 있는 팔(八)은 바로 펼쳐져 작용하는 것이라 하겠다.

또 미(米)를 팔(丷)과 목(木)으로 분석하여 신도(神道)가 여덟로 작용한다고 해석할 수도 있다. 이러한 의미로 해석할 수 있는 한자는 정할 정(精)과 기운 기(氣)가 대표적이다. 정(精)은 미(米)와 푸를 청(靑)이고, 기(氣)는 기(气)와 미

(米)로 모두 쌀에서 정수가 생성되고 기운이 나온다는 의미를 담고 있다.

미(米)가 들어간 한자 가운데 철학적 함의를 가지고 있는 미혹할 미(迷)는 미(米)와 착(辶)이다. 신도(神道)는 팔(八)로 항상 실천해 가야하는데, 가다가 그치고 하는 것은 자신의 마음에 의심이 생겨서 미혹되는 것이다.

미(迷)와 대응되는 깨달을 오(悟)는 심(忄)과 오(吾)로 진리가 나의 마음속에 들어 온 것으로 해석된다. 한 걸음 더 나아가 불교에서 깨우침의 과정으로 이 야기할 수 있다. 정수(精髓)의 의미로 주의 으로 풀어보면, 먼저 담백 들어 은 농축(農)과 머리 혈(頁)로 새싹이 땅을 뚫고 나오는 농래(農)와 관계되어, 씨 가 땅의 기운을 받고 응축하여 마침내 그 머리가 땅을 뚫고 나오는 것이다.

또 진실 정(精)은 5단계 농산잔례(農産殘)의 게 의(義)으로 농 오(悟)의 이 후에는 남아야 패을 위하여 하나는 것이다.

糸사

사(糸)는 꼬여 있는 실타래의 모습을 본뜬 것으로 여러 가지 종류의 실이나 끈의 종류, 그 성질과 상태에 대한 의미로 사용되고 있다.

세(細)는 사(糸)와 전(田)으로 가늘고 미미하다는 의미이고, 홍(紅)은 사(糸)와 공(工)으로 붉은 실을 뜻하고, 분(紛)은 사(糸)와 분(分)으로 실이 어지럽게 나누어져 있는 것이다.

계(系)는 별(丿)과 사(糸)로 실을 다스려 역사를 이어간다는 것이고, 계(繼)는 사(糸)와 요(幺) 4개 그리고 이(二)로 하늘의 사상(四象) 작용을 이어간다는 뜻이고, 통(統)은 사(糸)와 충(充)으로 역사를 가득 차게 거느리는 것이고, 종(終)은 사(糸)와 동(冬)으로 역사가

겨울에서 마친다는 의미이다.

머리 기(紀)는 사(糸)와 기(己)이고, 날 경(經)은 사(糸)와 지하수 경(坙)으로 역사의 기강이 되는 경전이나 진리를 의미하고, 묶을 약(約)은 사(糸)와 포(勹) 그리고 일(一)로 풀어지는 실을 하나로 감싸는 것이 간략한 것이고, 순수할 순(純)은 사(糸)와 둔(屯)으로 실이 처음 풀어질 때는 순수하다는 것이다.

한자 인의 **한자**읽기

- 가늘 세(細) = 糸 + 田 : 하늘의 뜻이 마음 밭에 있다.
- 붉을 홍(紅) = 糸 + 工 : 하늘의 뜻을 이어주다.
- 어지러울 분(紛) = 糸 + 分 : 하늘의 뜻이 갈라지다.
- 이을 계(繼) = 糸 + 幺 + 二 : 하늘의 사상(四象) 작용을 이어가다.
- 거느릴 통(統) = 糸 + 充 : 하늘의 작용을 채우다.
- 마칠 종(終) = 糸 + 冬 : 하늘의 뜻을 마치다.
- 날 경(經) = 糸 + 一 + 巛 + 工 : 하늘의 작용을 하나로 연결하다.
- 묶을 약(約) = 糸 + 勹 + 一 : 하늘의 작용을 하나로 감싸다.
- 순수할 순(純) = 糸 + 屯 : 하늘의 작용이 나오다.

228

부(缶)는 술 등을 담는 토기의 모양을 형상화한 것으로 무엇을 담아 두는 의미로 사용되고 있다.

항(缸)은 부(缶)와 공(工)으로 큰 질그릇을 의미하고, 결(缺)은 부(缶)와 쾌(夬)로 항아리가 깨어져 어지러운 것이다.

『주역』에서는 "질그릇을 두드리지 않고 노래 부른다(불고부이가 不鼓缶而歌)" 라고 하여, 소리를 내는 질그릇으로 성인의 말씀을 상징하고 있다. 사람들이 질그릇을 두드려 하늘의 소리를 내야 하는데, 두드리지 않기 때문에 성인이 한탄하는 것이다.

**한자**읽기

· 항아리 항(缸) = 缶 + 工 : 장인이 항아리를 만들다.
· 이지러질 결(缺) = 缶 + 夬 : 질그릇이 깨지다.

网

그물 망

망(网)은 그물의 모양으로 여러 가지 종류의 그물이나 그물로 잡다 등의 뜻을 나타내고, 망(罒)·망(冈)·망(ⱷ) 등으로 변형되어 사용되고 있다.

망(罔)은 망(网)과 망(亡)으로 그물을 덮어 가리는 것으로 '그물질 하다'·'없다'·'속이다' 등의 뜻이고,  라(羅)는 망(罒)과  유(維)로 새를 잡는 그물을 의미하고,  치(置)는 망(罒)과 직(直)으로 그물을 곧게 쳐서 둔다는 것이다.

그래서 망(罒)은 하늘의 작용인 사(四)와 서로 통하는 부수이다.  죄(罪)는 망(罒)과 비(非)로 잘못하는 것을 그물질 하는 것이 아니라 오히려 네 가지(四德)가 아닌(非) 것이 죄라는 의미이다. 인간 본성인 사덕(四德)이 아닌 것이 허물이고 죄인 것이다.  벌(罰)도 망(罒)과 언(言) 그리고 도(刂)로 사덕(四德)을 말로 베어 버리는 것이 죄가 된다.

가정과 학교에서 이루어지는 '체벌(體罰)'에 대하여 생각해보고자 한다. 주역의 4번째 괘인 「산수몽괘(山水蒙卦)」에서는 '격몽(擊蒙)'이라 하여, 어린 아이를 쳐서 깨우쳐 주는 이치를 이야기하고 있다.

체벌은 학생의 잘못된 행동에 대하여 분명하게 이야기하고 서로의 생각을 공유하면서 이루어져야 한다. 학생이 다른 사람을 원망하지 않고 자신의 잘못을 반성하게 하는 것으로 맞는 사람이 기준이 되어야 하는 것이다.

또 체벌을 '사랑의 매'라고 하는데, 사랑의 매는 상대방에게 있는 것이 아니다. 체벌을 행하는 주체의 마음에 있다. 자식이나 제자를 바로 잡아야겠다는 사랑의 마음으로 행위를 한 것인가? 자신의 화를 못 이겨 행위를 한 것인가? 이것이 문제이다. 물론 두 가지 마음이 복합되어 드러나지만, 어떠한 마음으로 행했는지는 자기 자신과 상대방이 알 수 있다. 시간이 지나면서 알게 되기도 하고, 금방 깨닫기도 하는 것이다.

한자읽기

- 그물 망(罔) = 网 + 亡 : 망령된 것을 잡다.
- 그물 라(羅) = 罒 + 維 : 새를 잡다.
- 둘 치(置) = 罒 + 直 : 곧게 그물질하다.
- 허물 죄(罪) = 罒 + 非 : 네 가지가 아니다.
- 죄 벌(罰) = 罒 + 言 + 刂 : 네 가지를 결단하다.

미(美)는 양(羊)과 대(大)로, 하늘의 뜻이 백성들의 마음속에 내려온 것이 아름다운 것이고, 선(善)은 양(羊)과 팔(丷), 일(一)과 구(口)로 양 여덟 마리가 한 입으로 말하는 것이다.

양(養)은 양(羊)과 팔(八), 량(良)으로 사람들의 마음 속에 있는 양심을 길러야 하며, 몸을 봉양하는데 그치면 안 되는 것이다.

우(羽)는 새의 양 날개를 상형한 것으로 새의 날개, 날다 등의 한자에 사용되고 있다.

습(習)은 우(羽)와 백(白)으로 어린 새가 날기 위해 날개 짓을 반복해서 하는 것과 같이 학습은 반복을 통해 이루어지는 것이다.

옹(翁)은     공(公)과 우(羽)로 나이가 들수록 공변된 날개 짓을 해야 한다는 것이고,     상(翔)은 양(羊)과 우(羽)로 날아오르는 것이고,     익(翼)은 우(羽)와     이(異)로 날개 짓을 통해 서로 다른 것을 돕는다는 뜻이라 하겠다.

한자읽기

= 羽 + 白 : 날려고 날개 짓 하다.
  = 公 + 羽 : 공변된 날개 짓을 하다.
= 羊 + 羽 : 날아오르다.
  = 羽 + 異 : 다른 것을 돕다.

老

늙을 로

　　　로(老)는 허리를 구부리고 지팡이를 짚은 노인의 모습을 형상화한 것으로 '늙은이'의 뜻이며, 노인에 관한 한자에 사용되고 있다. 대표적으로 모(耄), 기(耆)이다.

　　　자(耆)는 노(耂)와 백(白)으로 십일(十一)을 다스리는 사람의 몸을 말하고, 고(考)는 노(耂)와 별(丿) 그리고 포(勹)로 늙은이가 하늘을 감싸고 있는 것이고, 효(孝)는 노(耂)와 자(子)로 어린 자식이 부모님을 받드는 것이다.

니타내는 것이 효도의 마침이다. 무릇 효도는 어버이를 섬기는 것에서 시작하고, 임금을 섬기는 것이 가운데이고, 몸을 세우는 것에서 마치는 것이다. 신체발부 수지부모 물감훼상 효시야 입신행도 양명어후세 이현부모 효지종야 시고 시어사친 중어사군 종어입신 身體髮膚 受之父母 不敢毀傷 孝之始也 立身行道 揚名於後世 以顯父母 孝之終也 始於事親 中於事君 終於立身으라고 하여, 효孝의 의미를 밝히고 있다.

『효경』의 말씀에서 효(孝)에 대한 3가지 핵심적 내용을 이해해야 한다. 첫째는 '신체발부(身體髮膚)'에서 신(身)이 육체적 몸만을 말하는 것이 아니라 하늘로부터 받은 양심(良心)을 헐거나 훼손하지 말아야 한다는 것이다.

둘째는 '입신양명(立身揚名)'을 통해 성공하는 것이 효도의 마침이라고 생각하는 것이다. 『효경』의 원문에서는 '몸을 세웠거든 도(道)를 행하고, 이름은 후세에 드날려'라고 하였기 때문에 행도(行道)와 후세(後世)에 중심이 있는데, 유학의 효를 출세주의로 왜곡한 것이다.

셋째는 '부모(父母)'에 대한 문제로 나를 낳아주고 길러주신 부모님으로 한정하면, 효도(孝道)의 근본을 놓치게 되는 것이다. 효의 마지막이 자신의 인격을 닦는 수신(修身)에 있기 때문에 천지부모(天地父母)의 뜻을 받드는 것으로 확장해야할 것이다.

이러한 효(孝)는 '모든 행동의 근본(백행지본 百行之本)'으로 우리가 자신의 인격을 닦아서 올바른 삶을 살아가는 바탕이 되는 것이다.

**한자읽기**
- 생각할 고(考) = 耂 + 丶 + 丂 : 하늘을 감싸다.
- 효도 효(孝) = 耂 + 子 : 하늘을 받들다.

이(而)는 수염을 본뜬 것으로 　　　　이(耏)가 있다.

『주역』의 64괘 가운데 5번째 괘인 「수천수괘(水天需卦)」에서 수괘(需卦) 위의 　우(雨)는 감괘(坎卦)의 상징인 수(水)이고, 아래의 이(而)가 바로 건괘(乾卦)의 상징인 천(天)으로 말하고 있다.

단(端)은 　립(立)과 산(山) 그리고 이(而)로 산과 하늘을 바로 세우는 것이 단정(端正)한 것이다.

한자읽기

　　　　　　= 雨 + 而 : 하늘의 비를 기다리다.
　　　　　　= 而 + 彡 : 터럭이 나다.
　　　　　　= 而 + 寸 : 마디를 이어가다.
　　　　　　= 立 + 山 + 而 : 산과 하늘을 세우다.

뢰(耒)는 나무에 날을 붙인 것으로 농기구나 경작에 쓰인다.

경(耕)은 뢰(耒)와 정(井)으로 쟁기로 잘 정돈된 밭을 가는 것이고, 운(耘)은 뢰(耒)와 운(云)으로 쟁기로 흙을 움직여 풀을 없애는 것이다.

쟁기질을 하는 것은 자신의 마음 밭을 가는 것이고, 김을 맨다는 것은 마음속의 삿된 욕망을 제거하는 것이다.

한자읽기

= 耒 + 井 : 마음 밭을 갈다.
= 耒 + 云 : 일러서 제거하다.
= 耒 + 禺 : 짝이 되다.

耳

이

이(耳)는 사람의 귀를 상형한 것으로 귀의 기능이나 상태에 관한 한자에 사용된다.

청(聽)은 이(耳)와 옥(玉) 그리고 덕(悳)으로 하늘의 맑은 소리를 들어서 덕을 베푼다는 의미를 담고 있다. 성(聲)은 성(殸)과 이(耳)로 귀로 소리를 듣는 것이다.

경(耿)은 이(耳)와 화(火)로 하늘의 작용이 불과 같이 빛나는 것이고, 성(聖)은 이(耳)와 구(口) 그리고 별(丿)과 토(土)로 하늘의 소리를 들어서 십일(十一)을 말씀으로 다스리는 분이 성인이고, 총(聰)은 이(耳)와 총(悤)으로 귀가 밝아서 영리하다는 의미이다.

벼슬 직(職)은 이(耳)와 음(音) 그리고 과(戈)로 귀로 소리를 들어서 구별하는 것이니, 직업은 하늘이 내린 천직(天職)이라는 의미를 담고 있다.

또 귀는 세상의 소리를 듣는 기관이지만 궁극적으로는 하늘의 소리를 듣는 것으로 '이청천시(耳聽天時)'하는 것이다.

- 들을 청(聽) = 耳 + 玉 + 悳 : 덕의 소리를 듣다.
- 소리 성(聲) = 殸 + 耳 : 소리를 듣다.
- 빛날 경(耿) = 耳 + 火 : 하늘과 땅에서 빛나다.
- 성인 성(聖) = 耳 + 口 + 丿 + 土 : 듣고 말하여 세상을 다스리다.
- 밝을 총(聰) = 耳 + 悤 : 귀가 열리다.
- 벼슬 직(職) = 耳 + 音 + 戈 : 하늘이 나누어준 직업이다.

율(聿)은 손으로 필기구를 잡고 있는 모양으로 붓으로 쓰는 일과 관련된 한자에 사용되고 있다.

서(書)는 율(聿)과 왈(曰)로 붓을 써서 말한 것이 글이고,　화(畵)는 율(聿)과 전(田) 그리고 감(凵)으로 붓으로 하늘을 향하고 있는 마음의 밭을 그리는 것이다.

사(肆)는　장(镸)과 율(聿)로 하늘의 뜻을 길게 하는 것이 방자한 것이고, 또 버리는 것이다.　조(肇)는 호(戶)와 복(攵) 그리고 율(聿)로 하늘의 뜻을 잡아서 집에서 다스리는 것이 비로소 시작이다.

= 聿 + 曰 : 붓으로 말하다.
= 聿 + 凵 + 田 : 하늘을 향해 마음을 열다.
= 镸 + 聿 : 붓을 길게 하다.
= 戶 + 攵 + 聿 : 붓으로 집을 다스리다.

육(肉)은 썬 고기의 상형으로 신체의 각 부위 명칭이나 상태에 사용되고 있다. 다른 한자의 옆이나 아래에 붙으면 '육달월(月)'로 불린다.

견(肩)은 호(戶)와 월(月)로 외짝 문을 닮은 어깨이고, 위(胃)는 전(田)과 월(月)로 밭과 같이 만물을 받아들이는 것이 위이고, 육(育)은 두(亠)와 사(厶) 그리고 월(月)로 하늘의 뜻 아래에서 나의 몸을 기르는 것이다.

신하 신

신하 신(臣)은 눈을 똑바로 뜬 똑똑한 신하의 뜻과 임금 앞에 머리를 숙이고 충성을 다하는 신하로 설명하고 있다.

어질 현(賢)은 신(臣)과 우(又), 패(貝)로 신하를 잡고 하늘의 작용을 쓰는 것이고, 누울 와(臥)는 신(臣)과 인(人)으로 누워있는 것이다. 착할 장(臧)은 장(爿)과 과(戈) 그리고 신(臣)으로 신도와 땅 사이에 감춰진 신하는 착한 존재이다.

주역 에서 신하(臣下)를 건(乾)에 대응하는 작은(大小) 군(君小君)과 신하(臣下)이고, 십일지도(十一之道)에 대응하는 군사지도(君師之道)의 의미로 쓰여 고 있다. 신하(臣下)은 땅의 위대성을 대표하는 존재로 군사(君師)를 의미한다.

· 어질 현(賢) = 臣 + 又 + 貝 : 하늘의 작용을 쓰다.
· 누울 와(臥) = 臣 + 人 : 신하에 기대다.
· 착할 장(臧) = 爿 + 戈 + 臣 : 목도(木道)에 살다.

自

스스로 자

스스로 자(自)는 코 비(鼻)나 냄새 취(臭), 맡을 후(嗅)에 사용되어 코의 모양을 형상화한 것이라고 이해되고 있다.

코 비(鼻)는 자(自)와 전(田) 그리고 밭 스물 입(卄)으로 스스로 마음 밭의 이치를 냄새 맡는다는 의미를 담고 있다. 냄새 취(臭)는 자(自)와 견(犬)으로 군자가 스스로 사람의 냄새를 맡는 것이다.

사(田)은 철 줄의 와 눈 목(田)으로 마음을 상징하는 구(口)가 사상(四象)으로 드러남을 때, 이것을 스스로 그리함 것이지 의지(意志)적 작용이 아니라는 것이다.

자유(自由)는 '스스로 말미암다'는 것으로 '유(由)'는 나를 의미하는 구(口 = 方)에 하늘의 뜻인 십(十)이 들어 있는 것으로 사람이 자기에게 주어져 있는 하늘의 뜻, 즉 양심(良心)에 근거하는 것이다.

또 자기(自己)와 자연(自然)은 모두 의도(意圖)를 가진 것이 아니라 스스로의 나, 스스로의 그러함으로 사람의 인식 범위를 넘어선 뜻을 가지고 있다.

『주역』에서는 자(自)가 스스로의 의미와 동시에 하늘로부터(自天)의 의미로 사용되고 있다.『주역』에서 제일 좋은 의미를 담고 있는 것이 "하늘로부터 도와서 길하여 이롭지 않음이 없다(자천우지 길무불리 自天祐之 吉无不利)"이다.

또 "스스로 굳세어 쉬지 않는다(자강불식 自彊不息)"·"스스로 밝은 덕을 밝힌다(자소명덕 自昭明德)"라고 하여, 자(自)는 하늘의 뜻에 순응하여 자신의 본성인 덕(德)을 실천하는 것으로 이야기 하고 있다.

이외에 자(自)가 들어간 식(息)은 자(自)와 심(心)으로 스스로 마음을 편안히 하는 것이고, 얼(臬)은 자(自)와 목(木)으로 신도(神道)가 스스로 드러나는 것이 세상의 법도가 되는 것이다. 또한 부수에서 혈(頁)과 수(首)도 자(自)와 관련이 있는 한자이다.

한자 안의 한자읽기

· 냄새 취(臭) = 自 + 犬 : 군자가 냄새 맡다.
· 맡을 후(嗅) = 口 + 自 + 犬 : 입으로 냄새 맡다.
· 쉴 식(息) = 自 + 心 : 마음이 쉼터이다.
· 법 얼(臬) = 自 + 木 : 목도(木道)가 법이다.
· 말미암을 유(由) = 口 + 十 : 뜻에 근거하다.

至

이를 지

이를 지(至)는 '이르다'·'당도하다'는 뜻으로 화살이 땅 바닥에 꽂힌 모양을 형상화한 부수이다.

『주역』의 입장에서 지(至)는 하늘과 땅을 상징하는 이(二)와 나 사(厶) 그리고 일 칩(丨)으로 사람이 하늘의 뜻에 이르러 하늘의 뜻이 세상에 펼쳐진다는 의미인 것이다.

이를 치(致), 이를 도(到), 이를 진(臻)은 이른다는 뜻을 담고 있는 형성(形聲)문자이다.

『대학』에서 8강령의 마지막 치지(致知)에서 지지(知至)에 이어 치(致)와 지(至)에서의 지(至)는 지극한 경지에 이르러 하늘의 뜻을 온전히 실천하는 의미가 있는 것이다.

· 이를 치(致) = 至 + 攵 : 지휘하여 이르다.
· 이를 도(到) = 至 + 刂 : 심판하여 이르다.
· 이를 진(臻) = 至 + 秦 : 진리에 이르다.

절구 구

절구 구(臼)는 땅을 파내어 만드는 것으로 절구로 찧는다는 뜻이다.

찧을 용(春)은 삼(三)과 인(人) 그리고 구(臼)로 사람이 천지인(天地人) 삼재지도를 손으로 잡고 찧는 것이다. 구(臼)는 계(크)가 서로 마주보고 있는 것으로 사람이 두 손을 잡고 있는 것으로 해석이 된다. 두 손을 마주 잡고 절구를 찧는다는 것은 사실적으로 이해할 수도 있지만, 이것은 간절한 기도의 모습으로 볼 수도 있다.

또 절구는 절구 공이(杵)를 사용하게 하는 바탕으로 찧을이 저(杵)는 목(木)과 오(午)로 목도(木道)를 상징하기 때문에 구(臼)는 신도(神道)를 도와주는 의미를 가지고 있는 것이다. 두 손으로 절구 공이를 잡고 절구에 찧는 것은 자신의 신명을 잡아서 하늘의 뜻을 헤아리고자 하는 것으로 해석이 되는 것이다.

<h3>한자 안의 한자읽기</h3>

- 찧을 용(春) = 三 + 人 + 臼 : 진리를 찧다.
- 잠깐 유(臾) = 臼 + 人 : 사람을 잡다.
- 아이 아(兒) = 臼 + 儿 : 걸음을 잡아주다.
- 옛 구(舊) = 艹 + 隹 + 臼 : 두손으로 천명을 잡다.

舌
혀 설

혀 설(舌)은 입으로 내민 혀의 모양을 형상화한 것으로 '혀'나 혀의 기능을 뜻하는 한자에 사용되고 있다. 핥을 지(舐)는 설(舌)과 씨(氏)로 혀의 뜻을 가진 형성(形聲)문자이다.

집사(舍)은 뼈 丿과 고고(古古)로 옛 口의 말씀을 다스리는 의미이다.

집 사(舍)는 인(人)과 설(舌)로 사람이 하늘의 말씀을 다스리는 곳이 머무는 집이라는 의미로 해석되고, 실마리 서(舒)는 사(舍)와 여(予)로 이루어져 '펴다'·'느리다' 등의 뜻으로, 집에 머무는 나는 몸과 마음을 느슨하게 펴고 있으며, 이것이 밖에 나가 일을 하는 실마리가 되는 것이다.

한자 안의 **한자**읽기

· 핥을 지(舐) = 舌 + 氏 : 혀가 움직이다.
· 집 사(舍) = 人 + 舌 : 옛 뜻을 다스리다.
· 실마리 서(舒) = 舍 + 予 : 집은 나의 시작이다.

舛
어그러질 천

어그러질 천(舛)은 양발이 반대 방향으로 향하는 모양을 형상화한 것으로 '어그러지다'는 뜻을 나타내고 있다. 천(舛)은 저녁 석(夕)과 방패 간(干)으로 하늘의 뜻이 어지럽게 펼쳐지는 의미를 담고 있다.

춤출 무(舞)는 없을 무(無)의 윗부분과 천(舛)으로 사람이 춤추는 모양을 형상화한 것이고, 순임금 순(舜)은 조(爫)와 멱(冖) 그리고 천(舛)으로 손아래에 어지러운 것을 덮고 있는 임금이 순임금이다.

• 춤출 무(舞) = 無 + 舛 : 신명을 드러내다.
• 순임금 순(舜) = 爫 + 冖 + 舛 : 어지러움을 다스리다.

舟

배 주

배 주(舟)는 나룻배를 형상화한 것으로 배에 관한 부수로 사용된다. ~~~~~~
~~~~~~~~~~~~~~~~~~~~~~~~~~~~~~~~~~~~~~~~~~~~~~~~~~~~~~~~~~~~~
~~~~~~~~~~~~~~~~~~~~~~~~~~~~~~~~~~~~~

배 항(航)은 주(舟)와 배 항(亢)이고, 배 선(船)은 주(舟)와 궤(几) 그리고 구(口)로 배의 뜻을 가진 형성문자이다.

『주역』에서는 "나무를 파서 배를 만들고(고목위주 刳木爲舟)"라 하고, "큰 강을 건너는데 나무와 빈 배를 탄다(이섭대천 승목허주 利涉大川 乘木舟虛)"라고 하여, 주(舟)가 신도(神道)를 상징하고 있다.

- 배 항(航) = 舟 + 亢 : 하늘 아래에서 기대다.
- 배 선(船) = 舟 + 几 + 口 : 사람이 기대다.
- 돌 반(般) = 舟 + 殳 : 키를 잡고 돌리다.

艮

그칠 간

그칠 간(艮)은 사람의 눈을 강조한 모양을 형상화한 것으로 '어긋나다'·'머무르다' 등의 뜻으로 쓰이고 있다.

간(艮)은 『주역』에서는 ~~그치다~~는 뜻으로 사용하고, 팔괘(八卦) 가운데 ~~산(山)으로 삼아 말한 산리를 실천하는 군자로 설정하고 있다. 또 64괘 가운데 52번째 「중산간괘(重山艮卦)」의 괘 의미으로 ~~군자는 그칠 때는 그치고 행동할 때는 행동해야 한다(시지즉지 시행즉행 時止則止 時行則行)~~는 이치를 이야기하고 있다.~~

간(艮)이 들어간 ~~어질~~ 량(良)은 주(丶)와 간(艮)으로 하늘의 뜻이 머무는 곳 내지 그쳐 있는 곳이 바로 우리의 양심(良心)이라 하겠다.

또 ~~어려울~~ 간(艱)은 초(艹)와 중(中) 그리고 일(一)과 대(大), 간(艮)으로 군자가 겪는 어려움을 의미한다면, ~~어려울~~ 난(難)은 ~~새~~ 추(隹)가 있어서 하늘이 내린 어려움으로 풀이된다.

『맹자』에서 이야기하는 양심은 『주역』의 사덕(四德)인 인예의지(仁禮義智)~~

을 말하는 것이다.

여기서 『주역』의 인예의지(仁禮義知)의 의미를 이야기 해보면, 인(仁)은 인
(亻)과 이(二)로 천지인(天地人) 삼재(三才)를 일관하는 사랑이고, 예(禮)는 시
(示)와 풍년 풍(豐)으로 하늘에 제사를 올리는 사람의 모양을 담고 있어서
신(神)과 사람의 만남, 사람과 사람의 만남의 이치이고, 의(義)는 양(羊)
과 아(我)로 나에게 내려온 하늘의 뜻을 근거로 대상 사물과 사람이 만나
는 이치를 의미하고, 지(智)는 시(矢)와 구(口) 그리고 일(日)로 성인이 밝힌
진리와 감통(感通)하는 신명(神明)을 의미한다.

### 한자읽기

- 앉을 간(艮) = 丶 + 艮 : 하늘이 그치다.
- 어려울 간(艱) = 廿 + 中 + 天 + 艮 : 군자의 어려움이다.
- 예도 예(禮) = 示 + 豊 : 하늘과 사람이 만나다.
- 옳을 의(義) = 羊 + 我 : 내가 백성을 받들다.
- 알 지(智) = 矢 + 口 + 日 : 성인이 밝힌 진리를 알다.

色

빛 색

색(色)은 무릇 꿇은 사람 위에 사람이 있는 모양에서 남녀의 정애(情愛)의 뜻을 나타내고, 포(勹)와 파(巴) 혹은 사(巳)로 동물적인 본능(本能)을 감싸고 있는 것으로 해석된다. 색신(色身)은 물질적 존재이자 형체가 있는 몸으로 사람이 가지고 있는 삿된 욕망을 일으키는 원인이자 삶의 바탕이 되는 것이다.

염(艶)은 풍(豊)과 색(色)으로 색채가 풍성하여 아름답다는 뜻이다.

『주역』에서 색(色)은 하늘과 사람의 문명을 아름답게 꾸미는 이치를 설명한 「산화비괘(山火賁卦)」에서 "색(色)이 없다(賁 无色也)"라고 하여, 상반된 의미로 설명하고 있다. 『반야심경(般若心經)』의 색즉시공(色卽是空) 공즉시색(空卽是色)의 뜻을 한마디로 이야기하고 있다.

한자 안의 **한자**읽기

· 고울 염(艶) = 豊 + 色 : 몸이 아름답다.
· 꾸밀 비(賁) = 十 + 貝 : 하늘의 뜻을 꾸미다.

艸
풀 초

　　초(艸)는 풀이 가지런히 자란 모양으로, 한자의 머리에 사용될 때는 초
두(艹)로 여러 가지 풀의 이름이나 풀의 상태, 풀로 만든 물건 등에 사용된다.

　　애(艾)는 초(艹)와 예(乂), 개(芥)는 초(艹)와 개(介), 화
(花)는 초(艹)와 화(化), 방(芳)은 초(艹)와 방(方), 고(苦)
는 초(艹)와 고(古), 명(茗)은 초(艹)와 명(名), 채(菜)는 초(艹)와 채
(采), 갈(葛)은 초(艹)와 갈(曷), 창(蒼)은 초(艹)와 창(倉), 련(蓮)은
초(艹)와 연(連) 등 풀의 뜻을 가진 형성(形聲)문자가 많다.

막(莫)은 초(艹)와 왈(曰) 그리고 대(大)로 우리의 삶에서 이십(二十)을 말하는 것보다 큰 것은 없고, 약(若)은 초(艹)와 우(右)로 이십(二十)을 오른손으로 헤아리는 것은 왼손으로 헤아리는 것과 같고, 만(萬)은 초(艹)와 우(禺)로 이십(二十)이 모든 일의 실마리가 되어 만 가지로 펼쳐지는 것이다.

한자 안의 **한자**읽기

- 차 명(茗) = 艹 + 名 : 풀의 이름
- 칡 갈(葛) = 艹 + 曷 : 어찌 풀이겠는가?
- 괴로울 고(苦) = 艹 + 古 : 오래 동안 힘듦
- 꽃 화(花) = 艹 + 化 : 순역(順逆)을 작용하다.
- 괴로울 고(苦) = 艹 + 十 + 口 : 하늘 아래에서 괴롭다.
- 없을 막(莫) = 艹 + 日 + 大 : 하늘은 말하기 힘들다.
- 같을 약(若) = 艹 + 右 : 사람과 하나님은 같다.
- 일만 만(萬) = 艹 + 禺 : 하늘 아래 모든 것

虍
범 호

호(虍)는 호랑이를 형상화한 것으로 호랑이에 관한 한자의 부수이다. 같은 범 호(虎)는 호(虍)와 궤(几)로 호랑이가 앉아있는 모습이라 하겠다.

학(虐)은 호(虍)와 계(크)로 범을 잡고 있는 것이고, 건(虔)은 호(虍)와 문(文)으로 천문(天文)과 인문(人文)을 호랑이가 밟고 있는 것이고, 허(虛)는 호(虍)와 지(之, 옛 글자)로 호랑이가 가는 곳은 텅 비게 된다는 것이다.

근심 우(虞)는 호(虍)와 큰소리칠 오(吳)로 호랑이가 큰소리를 치고 있으니 근심이 되는 것이다. 오(吳)는 구(口)와 천(天)의 위 일(一)이 굽은 것으로 하늘의 뜻을 왜곡하는 의미를 담고 있다.

살갗 부(膚)는 호(虍)와 밥통 위(胃)로 호랑이의 밥통이니 살갗은 욕망으로 움직이고, 부르짖을 호(號)는 구(口)와 일(一) 그리고 포(勹)와 호(虎)로 입으로 호랑이처럼 부르짖는 것이다.

호(虎)가 부정적인 뜻만 있는 것이 아니라 긍정적인 의미도 가지고 있다. 곳 처(處)는 호(虍)와 치(夂) 그리고 궤(几)로 호랑이가 뒤쳐져서 책상에 기대어 자리를 잡은 곳이다.


『주역』에서도 "바람이 호랑이를 좇아간다(풍종호 風從虎)"라고 하여, 호랑이가 신도(神道)를 이끌고, 또 "대인은 호랑이의 변화이다(대인호변 大人虎變)"라고 하여, 호랑이를 대인(大人)에 비유하고 있다.

- 해롭게 할 학(虐) = 虍 + 彐 : 호랑이를 잡다.
- 죽일 건(虔) = 虍 + 文 : 호랑이가 천문(天文)을 밟다.
- 빌 허(虛) = 虍 + 之 : 호랑이가 가다.
- 근심 우(虞) = 虍 + 吳 : 호랑이가 떠들썩하다.
- 살갗 부(膚) = 虍 + 胃 : 호랑이의 밥통
- 부르짖을 호(號) = 口 + 一 + 勹 + 虎 : 호랑이가 부르짖다.
- 곳 처(處) = 虍 + 夂 + 几 : 호랑이가 머무는 곳이다.

虫

벌레 충

벌레 충(虫)은 벌레의 모양을 형상화한 것으로 곤충 등 작은 동물의 이름
이나 상태 등을 나타내는 한자에 사용된다.

『주역』에서 충(虫)이 3개나 들어간 괘(卦)이름이 있는데 64괘 가운데 18번
째인 『산풍고괘(山風蠱卦)』이다. 고괘(蠱卦)의 고(蠱)는 나무 밑 덩어리져 좀
벌레 고이지만, 괘에서는 마지막 곧 시작이 있는 천도(天道)의 운행에 대하
여 이야기하고 있다.

『주역』「계사하편」에서는 충(虫)이 들어간 문장에서 "자벌레가 자신의 몸
을 굽히는 것은 펴기 위한 것이다(척확지굴 이구신야(尺蠖之屈 以求信也))"라 하
고, "용과 뱀이 움직이는 것은 몸을 보존하기 위한 것이다(용사지칩 이존신야
(龍蛇之蟄 以存身也))"라고 하여, 『주역』의 굴신(屈伸) 작용을 설명하고 있다. 벌
레가 움직이고 있는 것을 통해 『주역』의 미분적 세계에서 논의되고 있는 미
소낙석(微微落石)의 원리를 이야기하고 있다.

굴신(屈伸) 작용은 하늘의 작용을 설명할 때 사용하는 것이다. 하늘 뜻이 사
람에게 온다고 할 때 굴(屈)이라 하고, 사람이 하늘의 뜻에 순응하며 살아가

는 것을 신(神)이라고 하는 것이다. 따라서 충(虫)이 번개의 의미만 가지고 있는 것이 아니라 하늘의 작용 또는 하늘의 뜻을 드러내는 의미를 가지고 있다.

부시개 홍(虹)이나 부지개 예(蜺)가 대표적인 한자이다. 무지개는 하늘의 모습을 보여주는 것으로 그곳에 충(虫)이 들어간 의미가 찾아지는 것이다. 부수인 바람 풍(風)에도 충(虫)이 들어 있는데, 풍(風)은 하늘의 작용인 신도(神道)를 상징하는 것이다.

또 홀로 독(獨)의 경우도 충(虫)이 들어가 있다. 이것도 『중용』에서 말하고 있는 '홀로 그 몸을 선하게 한다'는 독선기신(獨善其身)의 독(獨)으로 바로 하늘의 뜻에 순응하여 자기 몸을 지키고 선하게 한다는 의미인 것이다.

숨을 칩(蟄)은 잡을 집(執)과 충(虫)으로 숨어서 하늘의 뜻을 익히고 있는 것이 칩거(蟄居)하는 것이고, 임금 우(禹)도 벌레 충(虫)의 뜻이 근본이 되고 있음을 알 수 있다.

충매를 분석하면, 숨매와 식(속)로 이해되는데, 곧 숨매의 의미 한 때는 천도(天道)의 작용으로 숨매이고, 여(작)의 식량에게 있어짐 분석은 이며하기 때문에, 숨매을 하늘의 작용 대시 인간 본성의 작용으로 이해하는 것노 하나의 방법이 되는 것이다.

한자 안의 **한자**읽기

- 모기 문(蚊) = 虫 + 文 : 천문(天文)을 보이다.
- 무지개 홍(虹) = 虫 + 工 : 하늘의 작용을 이어주다.
- 무지개 예(霓) = 雨 + 兒 : 하늘의 작용을 익히다.
- 홀로 독(獨) = 犭 + 罒 + 勹 + 虫 : 하늘의 작용을 익히다.
- 숨을 칩(蟄) = 執 + 虫 : 하늘의 작용을 잡다.

血 혈

혈(血)은 제사 때 신에게 바치는 희생의 피를 그릇에 담은 모양을 본뜬 것으로 혈액에 관한 한자에 사용된다. 뉵(衄)은 혈(血)과 축(丑)으로 피의 뜻을 가진 형성문자이다.

혈(血)은 집 속이와 그릇 명(皿)으로 구성되어 있고, 주역에서 혈(血)은 눈과 같은 의미로 감괘(坎卦)를 상징하고 있다. 피는 몸 가운데에서 정수를 의미이기 때문에 하늘의 은총 가운데 응축된 의미를 담고 있다.

구체적으로는 "혈에서 기다린다(수우혈 需于血)"이라 하고, 또 "양을 찔렀는데 피가 없다(규양무혈 刲羊无血)"라고 하여, 하늘의 은총을 기다리고 또 드러나지 않았다는 뜻을 이야기하고 있다.

한자 안의 **한자**읽기

• 코피 뉵(衄) = 血 + 丑 : 코피
• 찌를 규(刲) = 圭 + 刂 : 칼로 찌르다.

行

다닐 행

　다닐 행(行)은 네거리를 형상화한 것으로 길, 가다의 뜻을 나타내고, 도로나 거리의 의미도 있다.

　주역에서 행(行)은 두 사람이 걸어가는 적(彳)과 음양을 실행하는 두 이ᄆ 거리 하여 작용하는 길이며 길(彳)로 운행하다 음양(陰陽)의 의미 오 처의 목화금수에 다섯 가지 관주로 세상에 걸려가 ᄃᄃ다 작용의 오행(五行)을 의미하고 있다.

　시문대 형(衡)은 행(行)과 포(勹), 전(田)과 대(大)로 삶의 기준이 되는 저울대의 의미이고, 꾀 술(術)은 행(行)과 출(朮)로 출(朮)은 목(木)과 주(丶)로 하늘의 목도(木道)가 오행으로 작용하는 것이 꾀가 된다.

한자 안의 **한자**읽기

- 거리 가(街) = 行 + 圭 : 다니는 거리이다.
- 거리 충(衝) = 行 + 重 : 무겁게 다니다.
- 네거리 구(衢) = 行 + 瞿 : 살피고 건너다.
- 저울대 형(衡) = 行 + 勹 + 田 + 大 : 쓰임을 저울질 하다.
- 꾀 술(術) = 行 + 朮 : 잘 사용하다.

衣
옷 의

　의(衣)는 몸에 걸친 의복의 깃 언저리를 형상화한 것으로 옷의 의미와 의류나 그 상태 등을 나타내는 한자에 사용되고 있다. 의(衣)가 다른 한자의 옆에 붙으면 의(衤)가 되어 　　　시(礻)와 유사한 모양이 되는 것에 주의해야 한다.

　　　피(被)는 의(衤)와 　　　피(皮)이고, 　　　상(裳)은 의(衣)와 상(尙)의 윗부분이고, 　　표(表)는 의(衣)와 사(士)이고, 　　리(裏)는 의(衣)와 리(里)로 옷의 뜻을 가진 형성(形聲)문자로 여러 한자에 사용되고 있다.

　　　쇠(衰)는 의(衣)와 　　축(丑)으로 소가 하늘의 뜻에 들어온 것이고, 　　유(裕)는 의(衤)와 　　곡(谷)으로 골짜기까지 하늘의 뜻을 다스리는 것이니 넉넉하고, 오를 양(襄)은 의(衣)와 구(口) 2개 그리고 정(井)과 일(一)로 두 사람이 우물에서 하늘의 작용을 받드는 것이다.

또 한자의 희노애락(喜怒哀樂)을 분석해 보면, 기쁠 희(喜)는 길(吉)과 팔(ㅛ) 그리고 일(一)과 구(口)로 선비의 입은 길(吉)한 것으로 팔괘(八卦, 온 우주)를 하나로 묶는 말이 기쁨인 것이고, 성낼 노(怒)는 여(女)와 우(又) 그리고 심(心)으로 여자를 잡고 있는 마음이며, 성냄은 군자가 다른 사람의 잘못을 바로 잡을 때만 행해야 하는 것이다.

슬플 애(哀)는 의(衣)와 구(口)로 슬픔은 하늘의 뜻을 통해 자신을 다스리기 때문에 자신의 부끄러움을 가려주고 다른 사람의 잘못을 통해 자신을 돌아보는 마음이다. 즐거운 락(樂)은 요(幺)와 백(白, 神道·巽卦) 그리고 목(木)으로 신도(神道)가 드러나는 것이 즐거움인 것이다.

- 입을 피(被) = 衣 + 皮 : 살가죽에 입다.
- 겉 표(表) = 衣 + 土 : 땅으로 드러나다.
- 속 리(裏) = 衣 + 里 : 마을에 들어가다.
- 쇠할 쇠(衰) = 衣 + 丑 : 소가 들어가다.
- 넉넉할 유(裕) = 衣 + 谷 : 골짜기까지 덮다.
- 오를 양(襄) = 衣 + 口 + 口 + 井 + 一 : 하늘의 작용에 오르다.
- 기쁠 희(喜) = 吉 + 八 + 一 + 口 : 온 우주가 한마음으로 기뻐하다.
- 성낼 노(怒) = 女 + 又 + 心 : 여자를 잡고 있는 마음
- 슬플 애(哀) = 衣 + 口 : 하늘의 뜻으로 자신을 다스리다.
- 즐거울 락(樂) = 幺 + 白 + 木 : 하늘의 뜻을 아는 즐거움

덮을 아(襾)는 그릇의 뚜껑을 본뜬 모양으로 '덮다'라는 뜻을 가지고 있다. 아(襾)는 서녘 서(西)와 같이 사용되고 있다. 엎어질 복(覆)은 아(襾)의 의미와 복(復)의 소리를 합한 한자이다.

아(襾)가 부수인 구할 요(要)는 허리 요의 뜻이 있어서 허리가 발달한 여성이라는 뜻에서 왔다고 설명하지만, 아쉽게도 철학적인 의미는 찾을 수 없다. 요(要)는 아(襾)와 녀(女)로 필수적이라는 뜻의 요긴 요(要), 대체(大體)라는 뜻의 대요(大要) 요(要) 등으로 불리며, '중요(重要)하다'·'요점(要點)'·'요체(要諦)' 등으로 사용되고 있다. 따라서 요(要)가 중요한 것은 녀(女＝十과 一)의 원리를 덮고 있기 때문이다. 깨우치고 구해야 할 중요한 것은 십일(十一)의 원리인 것이다.

한자 안의 **한자읽기**

- 서녘 서(西) ＝ 襾 ＋ 一 : 하나를 덮다.
- 엎어질 복(覆) ＝ 襾 ＋ 復 : 돌아오기 위해 엎어지다.
- 구할 요(要) ＝ 襾 ＋ 女 : 여자를 구하다.

見
見 견

 견(見)은 '눈으로 보다', '마음으로 터득하다', '생각하다' 등의 뜻으로
사용된다.

 무엇을 본다는 뜻의 한자를 보면, 시(示)와 시(視) 그리고 견
(見)과 관(觀)인데, 시(示)는 계시하는 것으로 하늘이 그대로 보이는 것이
고, 시(視)는 계시된 시(示)를 사람이 본다는 의미이고, 견(見)과 관(觀)은
계시된 뜻을 본다는 의미로 해석할 수 있다. 관(觀)은 관(雚)과 견
(見)으로 올빼미가 먹이를 보듯이 뚫어지게 사물을 관찰하여 깨우치는 것을
의미한다.

 견(見)을 대표적으로 사용하는 '견성(見性)하다'는 것은 진리를 깨우친다는
뜻이고, 각(覺)에 그대로 견(見)이 들어 있다. 각(覺)에도 감각적인 앎
과 근원적인 진리를 깨우친다는 이중적인 의미가 들어 있다.

 현(顯)은 하나님을 높이 받들어 드러낸다는 의미로 불교의 '파사현

정(破邪顯正)'이 있고, 현재(現在)나 현실(現實)에 사용한      현(現)은 참
다운 세계(玉, 진리)가 그대로 드러났다는 것이다. 우리는 자신의 상황이나
어려움을 이야기할 때 '현실(現實)이 문제이다'라고 하는데, 실지에 있어서
현실(現實)은 실다운 세계가 나타나 있다는 뜻을 가지고 있다.

견(見)이 들어가는 한자를 보면 이러한 의미를 분명하게 알 수 있다.
규(規)는 부(夫)와 견(見)으로 행동의 규범이나 법규의 뜻이다.      규(規)
는 동그라미를 그리는 도구이지만 삶의 근본이 되는 하늘의 규범을 의미한다.

또       친(親)은 립(立)과 목(木) 그리고 견(見)으로 하늘의 신도(神道)를
세워서 깨닫는 것이 친한 것이다.

친(親)은 '친하다'라는 말의 의미를 가지고 있지만, 『주역』에서는 "하늘에
근본을 둔 사람은 하늘과 친하고(본호천자 친상 本乎天者 親上)"라고 하여, 하
늘의 뜻을 깨닫는 것으로 이야기하고 있다.


『주역』에서는 '견역(見易)'·'견선(見善)'·'견천지지심(見天地之心)'·'견천하(見天
下)'라고 하여, 천도(天道)와 지도(地道)를 깨우치는 것으로 이야기하고 있다.


한자읽기

= 示 + 見 : 빛을 보다.
= 蒦 + 見 : 올빼미 같이 보다.
= 日 + 幺 + ⺗ + 頁 : 하늘의 뜻을 드러내다.
= 玉 + 見 : 옥을 보다.
= 夫 + 見 : 지아비를 보다.
= 立 + 木 + 見 : 신도를 보다.

角

뿔 각

뿔 각(角)도 짐승의 뿔 모양을 형상화한 글자로 술잔을 의미하기도 한다. 『주역』에서 보면, 각(角)은 쓸 모(모)와 쓸 용(用)이 합해진 한자로 작용을 감싸고 있다는 뜻이 들어 있다.

풀 해(解)는 각(角)과 칼 도(刀) 그리고 소 우(牛)로 '풀어서 헤치다'·'풀어서 해결하다'는 뜻으로 사용되고 있다. 여기서 풀 해(解)의 오른쪽 부분이 칼로 소를 해체한다는 의미를 담고 있다면, 각(角)은 그러한 작용을 감싸고 있다.

『주역』에서 각(角)은 "그 뿔을 여위게 한다(리기각 羸其角)", "그 뿔에 나아간다(진기각 晉其角)", "그 뿔에서 만난다(구기각 姤其角)"라고 하여, 대상사물과 부딪치는 마음을 의미하고 있다.

· 풀 해(解) = 角 + 刀 + 牛 : 칼로 소를 풀다.
· 닿을 촉(觸) = 角 + 蜀 : 뿔이 닿다.

言

말씀 언

말씀 언(言)은 사람이 혀를 내밀고 있는 모습을 형상화한 것으로 말이나 말에 따르는 갖가지 행위에 관한 한자에 사용된다.

언(言)이 들어간 한자는 매우 많은데, 논할 론(論)은 언(言)과 둥글 륜(侖)으로 서로 말을 통해 토론하는 것은 사람을 하나로 묶기 위한 것이고, 가르칠 회(誨)는 언(言)과 인(亠) 그리고 모(母)로 성인이 어머니같이 말씀으로 가르쳐 주는 것이고, 말더듬을 눌(訥)은 언(言)과 안 내(內)로 말이 안으로 들어가니 더듬게 되는 것이다. 『논어』에서는 군자는 눌변(訥辯)이라 하였다.

또 시 시(詩)는 언(言)과 모실 시(寺)로 말씀을 지키는 것이 시의 언어이고, 잘못할 오(誤)는 언(言)과 큰소리 오(吳)로 형성문자인데, 오(吳)는 구(口)와 천(天)의 위 획이 굽은 것으로 입으로 말을 하는데 하늘의 뜻에 어긋나게 하니 큰 소리를 치게 되고, 이것이 잘못 말하는 것이다.

특히, 말씀에 대한 다양한 한자들이 있는데, 언(言)과 말씀 어(語) 그리고 말씀 사(辭)와 말씀 담(談) 등이 있다.

언(言)은 하늘의 말씀과 진리이고 어(語)는 깨우친 성인의 말씀과 진언사(言辭)로 사용되고, 이(言)는 한(一)과 더 오래된 접두어는 시간의 말과 사람의 본질을 상실한 □□□을 깨우친 군자의 말씀이며 이쟁(□□)□다. 사□은 계사(□□)의 효식(□□)이 능 □□지 □□된 말씀이라는 □□이고, 말씀 □(□)은 한(一)과 □(□)으로 □□같이 다□□는 □□□□□ 이단(□□)과 □□(□□)의 말씀이다.

또 언(言)은 두(亠)와 이(二) 그리고 구(口)로 하늘의 뜻이 음양으로 만나 입으로 전해지는 말씀으로 풀이된다. □□□ 위(謂)가 언(言)과 □□ 위(胃)로 사람이 말하는 것이라면, □□□ 운(云)은 이(二)와 사(厶)로 천지(天地)가 일러 주는 것으로 구분해서 이해할 수 있다.

『주역』에서 언(言)은 '문언(文言)', "앞선 성인의 말씀과 실천을 많이 익힌다(다식전언왕행 多識前言往行)", "주인이 말씀이 있다(주인 유언 主人 有言)" 등으로 사용하여, 천문(天文)의 말씀·성인의 말씀·하늘의 말씀의 뜻이 있음을 알 수 있다.

한자읽기

- 말씀 어(語) = 言 + 吾 : 나의 말
- 말씀 사(辭) = 爫 + 厶 + 內 + 厶 + 辛 : 글로 된 말씀
- 말씀 담(談) = 言 + 炎 : 타오르는 야담
- 논할 론(論) = 言 + 侖 : 말씀을 하나로 하다.
- 가르칠 회(誨) = 言 + 每 : 성인의 말씀이다.
- 시 시(詩) = 言 + 寺 : 말씀을 지키다.
- 잘못할 오(誤) = 言 + 吳 : 사람의 하늘을 잘못하다.
- 이를 위(謂) = 言 + 胃 : 배에서 말하다.

곡(谷)은 좌우 양쪽의 골짜기를 형상화한 것으로 '골짜기'·'계곡'의 뜻을 나타내고 있다.

우리가 사는 세상을 세속(世俗)이라고 할 때, 속(俗)은 인(亻)과 곡(谷)으로 사람의 골짜기를 말하는 것이다.

『주역』에서는 '그윽한 골짜기에 들어간다(입우유곡 入于幽谷)'와 '우물의 골짜기(정곡 井谷)'이라 하여, 사람들이 살지 않는 세계와 하늘의 은택이 내려진 세계의 이중적인 의미로 사용하고 있다.

한자읽기

· 시내 계(磎) = 艹 + 幺 + 大 + 谷 : 대소를 아는 사람의 골짜기
· 골짜기 활(豁) = 害 + 谷 : 진리를 깨우친 사람의 골짜기
· 풍속 속(俗) = 亻 + 谷 : 뜻이 있는 사람의 골짜기

콩 두

콩 두(豆)는 풍년 풍(豊)의 아래에 들어가는 부수로 제기의 모양을 상형한 것으로 '제기'나 콩과 관련된 한자에 사용되고 있다.

또 두(豆)는 위 一와 중간 口와 아래 두 점으로 분석되며, 천지(一口) 사이에 서 사람이 하늘의 작용이 받는 쓰고 있는 것으로 해석할 수 있다. 이는 사람이 두 손으로 무엇인가를 받들고 있는 모습이다.

풍년 풍(豊)은 그릇에 제물을 담아서 하늘에 올리는 제기의 모습으로 풍년을 감사하는 뜻이 있고, 오를 등(登)은 발(癶)과 두(豆)로 사람이 작용하여 오르는 것이고, 어찌 기(豈)는 산(山)과 두(豆)로 어찌 산을 들어 올리겠는 가?, 머리 두(頭)는 두(豆)와 혈(頁)로 형성문자이다. 또 메주 시(豉)는 두(豆)와 지(支)로 콩의 뜻을 그대로 사용한 한자이다.

한자 안의 **한자**읽기

- 풍년 풍(豊) = 曲 + 豆 : 진리를 받들다.
- 오를 등(登) = 癶 + 豆 : 받들어 피어나다.
- 어찌 기(豈) = 山 + 豆 : 산을 받들다.
- 메주 시(豉) = 豆 + 支 : 콩으로 만들다.

豕
돼지 시

　돼지 시(豕)는 살아있는 돼지를 의미하기 보다는 상징적 뜻으로 돼지이다. 살아 있는 돼지를 말할 때는 고기 육(肉)과 시(豕)가 만난 돈(豚)을 많이 사용한다.

　『주역』에서 시(豕)는 감괘(坎卦)를 상징하여 하늘의 뜻을 대행하는 존재로 점 괘(卦)에서 대효사으로 사용하고 있다. 앞의 집 면(宀)에서 이야기한 바와 같이 집은 하늘의 뜻이 드러난 천국인 것이다.

　끊을 단(彖)은 『주역』에서 단사(彖辭)로 십익(十翼) 가운데 하나이며 64괘의 모든 괘에 붙어 있어서 그 괘(卦)를 한 말씀으로 판단한 것이다. 여러가 말단의 돼지가 붙임을 끊듯이 64괘 괘사(卦辭)를 간단하여 공사기 말씀한 것을 단사(彖辭)라고 한다. 단(彖)은 돼지 머리 계(彑)와 시(豕)가 만나 모느 데지와 관계되어 있다.

　또 시(豕)가 들어간 코끼리 상(象)은 코끼리 모양을 형상화한 것이지만, 코끼리의 의미는 전혀 없고, 포(勹)와 멱(冖) 그리고 주(丶)와 시(豕)로 분석되어, 하늘과 하늘의 뜻을 드러내는 주(丶)와 감괘(坎卦)를 덮어서 감싸고 있는 것으로 풀이하여 '사물을 본뜨다'는 상형(象形)과 '본받다'는 내용을 지니고 있다. 상(象)은 『주역』의 가장 근본적인 개념으로 하늘의 뜻을 상징적으로 표상(表象)한다는 의미이다.

『주역』에서 시(豕)는 "불깐 돼지의 어금니(분시지아 豶豕之牙)", "돼지가 흙덩이를 지고 있는 것으로 본다(견시부도 見豕負塗)", "마른 돼지(리시 羸豕)", "감괘(坎卦)는 돼지가 되고(감위시 坎爲豕)"라고 하여, 아직 진리가 무엇인지 모르는 무지한 사람으로 이야기하고 있다.

한자 읽기

- 돼지 돈(豚) = 肉 + 豕 : 살찐 돼지
- 집 가(家) = 宀 + 豕 : 하늘의 뜻이 가득하다.
- 끊을 단(彖) = 彑 + 豕 : 돼지를 잡다.
- 코끼리 상(象) = 勹 + 冖 + 丶 + 豕 : 하늘의 뜻을 감싸다.

사나운 짐승 치(豸)는 사나운 짐승의 모습을 형상화한 것으로 여러 가지 종류의 짐승 이름을 나타내는 한자이다. 돼지 시(豕)와 비슷하여 같은 돼지 시(豕)라고도 한다.

치(豸)는 표범 표(豹), 승냥이 시(豺), 담비 초(貂), 고양이 묘(貓), 너구리 리(貍) 등의 짐승 이름에 들어가고, 또 오랑캐 맥(貊) 등으로 오랑캐를 말할 때 사용하고 있다.

얼굴 모(貌)는 치(豸)와 흰 백(白), 걷는 사람 인(儿)으로 정신적인 활동이 없는 사람의 겉 모습이다. 외모(外貌)는 겉으로 드러나는 모양만을 이야기하는 것으로 짐승과 차이가 없다는 것이다. 사람이 사람 된 까닭은 외모에 있는 것이 아니라 얼굴에 담겨진 마음에 있음을 분명하게 확인할 수 있다.

한자 만의 **한자**읽기

· 표범 표(豹) = 豸 + 勹 + 一 : 달리기 1등인 표범
· 오랑캐 맥(貊) = 豸 + 各 : 제각각인 오랑캐
· 얼굴 모(貌) = 豸 + 白 + 儿 : 하얗게 드러난 얼굴

貝

조개 패

  조개 패(貝)는 조개의 모양을 형상화한 것으로 옛날에는 조개껍질을 화폐로 사용하였기 때문에 이 한자가 들어가면 재물이나 돈과 관계되는 의미를 가지고 있다.

  살 매(買)는 망(罒)과 패(貝)로 재물을 그물로 잡는 것이 사는 것이고, 팔 매(賣)는 선비 사(士)와 매(買)로 산 것에 선비의 뜻을 더해서 파는 것이고, 재화 재(財)는 패(貝)와 재(才)이고, 재화 화(貨)는 될 화(化)와 패(貝)로 모두 패(貝)의 뜻을 가진 형성문자이다.

  패(貝)는 재화나 돈의 의미를 넘어서서, 더 본질적인 의미를 가지고 있다.
  패(貝)는 눈 목(目)과 여덟 팔(八)이지만, 더 사(罒)와 팔(八)로 구성되어 있다. 사(罒)와 팔(八)은 모두 작용을 나타내는 수로 사(罒)는 하늘의 사상(四象) 작용을 의미하고, 팔(八)은 사상(四象)이 음양으로 작용하여 땅에 드러난 작용을 의미하는 것이다. 우리말에 돈은 돌고 돌아서 돈이라고 한 것과 일치하고 있다. 돈은 작용을 나타내는 말로 이것을 한자로 표상하면 사(罒)와 팔(八)이 되어 패(貝)가 되는 것이다.

『주역』「중뢰진괘(重雷震卦)」에서는 "우레가 와서 위태로운 것이라, 잃어버린 본성(조개)을 생각해야 한다(震來厲 億喪貝 躋于九陵)"라고 하여, 지금 하늘이 노하여 우레가 치는 위태로운 상황이기 때문에 자신의 근원자리로 돌아가 반성해야 함을 이야기하고 있다. 이기서 패(貝)는 잃어버린 재화가 아니라 자신이 놓치고 살아온 인간 본성으로 논하고 있다.

가난할 빈(貧)은 나눌 분(分)과 패(貝)인데, 이제까지 우리는 '재화가 분산되어 적어지기 때문에 가난해 진다'거나 '돈은 나누면 가난해 진다'라는 의미로 풀이하였다. 이것은 얼마나 위험한 해석인가? 돈을 나누면 가난해진다니? 그럼 한 사람에게 독점되어야 한다는 말인가? 한자를 만든 사람을 모욕하는 말이라고 생각한다. 여기서 패(貝)를 돈이나 재물로만 이해하니 이러한 해석을 할 수밖에 없는 것이다. 한자 문명권인 동북아 사회의 사회적 기부나 나눔의 문화를 철저히 왜곡하고 있는 것이 바로 빈(貧)의 해석에 집약되어 있다.

『주역』에서 빈(貧)은 성인지도를 깨우치지 못해 마음이 가난한 것이지 물질적인 가난을 의미하고 있지 않다. 진괘(震卦)에서 보듯이 패(貝)는 인간 본성의 작용을 의미하는 것으로 빈(貧)은 바로 자기의 본성을 망각하고 물질에 끌려가 빈궁하게 있는 것이다.

분(分)과 패(貝)가 만나 가난할 빈인 것은 재물을 나누어서 가난한 것이 아니라 오히려 본성의 작용이 자신의 마음속에 사려 잠시 못하고, 대상세계를 쫓아 욕심을 부리기 때문에 가난한 것이다. 거꾸로 현실적으로는 부자가

적인, 삶이 순간적 욕망에 서로 잡혀 자신의 삶을 바꾸려는 것을 받음이라 ~~고 한다.~~

천(賤)은 패(貝)와 ~~적은~~ 잔(戔)으로 돈이 적은 것이 천한 것이다? 참으로 어이없는 한자 풀이이다. 천한 것은 자신의 본성(本性)을 망각하고 자질구레하게 행동하는 것이다. 정(貞)의 의미도 그렇다. 하늘의 작용(ㅣ)이 현상에(一) 사(四)와 팔(八)로 작용하는 것이 곧은 것이다. 여기서 패(貝)에 재물의 의미는 찾아 볼 수 없는 것이다.

또 부(負)도 포(勹)와 패(貝)로, 지고 있다는 것은 그것을 가지고 살아간다는 것으로 우리는 사(四)와 팔(八)의 작용을 감싸고 살아가야 하는 것이다.

귀(貴)도 중(中)과 일(一) 그리고 패(貝)로 자기의 본성을 하나로 잡아서 사(四)와 팔(八)을 사용하는 것이 귀한 것이라는 의미로 해석되어 지는 것이다. 돈 하나만 가운데 가지고 있는 것이 귀한 것이 아니다. 상(賞)도 집(宀)에서 사람(口)이 자기의 마음을 잘 쓰는 사람에게 상을 주는 것이다.

탐(貪)은 금(今)과 패(貝)로 지금이 하늘의 작용인데 다른 것을 요구하는 것은 탐욕이고, 실(實)은 면(宀)과 모(毋) 그리고 패(貝)로 집에서 어머니가 하늘의 작용을 실천하는 것이 실다운 것이다.

**한자** 안의 **한자**읽기

- 살 매(買) = 罒 + 貝 : 돈을 그물질 하다.
- 재화 재(財) = 貝 + 才 : 돈에 재주가 있다.
- 가난할 빈(貧) = 分 + 貝 : 하늘의 작용과 분리되다.
- 천할 천(賤) = 貝 + 戔 : 하늘의 작용이 작다.
- 귀할 귀(貴) = 中 + 一 + 貝 : 하늘의 작용으로 하나로 꿰뚫다.
- 탐할 탐(貪) = 今 + 貝 : 지금이 하늘의 작용이다.

赤
붉을 적

붉을 적(赤)은 흙 토(土)와 불 화(火)로 불이 땅에서 붉게 타고 있는 것이다.

놓을 사(赦)는 적(赤)과 복(攵)으로 진리를 다스려서 놓아준다는 것인데, '용서하다'·'사면(赦免)하다' 등의 뜻으로 사용되고, 붉을 혁(赫)은 적(赤)이 겹쳐진 것으로 진리가 거듭 밝아지는 의미를 담고 있다.

『주역』에서 적(赤)은 "붉은 제복에서 곤궁하다(곤우적불 困于赤紱)"라고 하고, "감괘(坎卦)는 붉음이 되고(감위적 坎爲赤)"라 하여, 하늘의 뜻을 상징하고 있다.

走
달릴 주

달릴 주(走)는 흙 토(土)와 그칠 지(止)로 흙에서 달리는 발의 모양을 가지고 있다. 또 십(十)과 발 소(疋)로 분석하여 하늘이 움직이는 것으로 해석할 수 있다.

갈 부(赴)는 주(走)와 점 복(卜)으로 하늘의 뜻이 달려가는 것이고, 일어설 기(起)는 주(走)와 몸 기(己)로 자신의 몸을 일으키는 것이고, 뛰어넘을 초(超)는 주(走)와 부를 소(召)이고, 뛰어넘을 월(越)은 주(走)와 도끼 월(戉)로 모두 달린다는 뜻을 가진 형성(形聲)문자이다.

한자 안의 **한자**읽기

· 갈 부(赴) = 走 + 卜 : 하늘이 달리다.
· 일어설 기(起) = 走 + 己 : 진리가 달리다.
· 뛰어넘을 초(超) = 走 + 召 : 자기를 넘어서다.

足
발 족

족(足)은 사람의 발을 본뜬 것으로 발의 각 부 이름, 발에 관한 동작에 사용되고, 또 족(足)은 '충족(充足)하다'·'넉넉하다'는 뜻이다.

『주역』에서 족(足)은 성인을 상징하는 진괘(震卦)를 의미하고, "사람의 지도자로서 넉넉하다(족이장인 足以長人)", "밝음이 있는 데는 부족하고(부족이유명 不足以有明)", "솥의 다리가 부러지고(정 절족 鼎 折足)"라고 하여, 족함과 부족함의 뜻과 성인을 상징하는 다리로 사용하고 있다.

身
몸 신

신(身)은 사람이 애를 밴 모양을 형상화한 것으로 신체라는 뜻으로 사용되고 있다.

궁(躬)은 신(身)과 궁(弓), 구(軀)는 신(身)과 구(區)로 몸의 뜻을 가진 형성문자이다.

신이란 자아와 별다른 자아에서 왼쪽과 아래로 빼서다운 부분을 더 수식하는 것으로 해석한다. 자아가 마음의 직접은 그대로 보이는 원칙의 모양이지만, 신이은 왼쪽과 아래로 빼서다운 것에 다 수업되이 있어야 하는 것이다. 우리의 삶에서 수식(修身)이 근본인 이유가 이기에 있다.

우리의 몸은 마음을 담는 그릇이다. 우리말의 마음과 몸은 '맘'과 '몸'으로 모음만 차이가 있을 뿐 다른 것이 아니다. 한자에서 마음을 나타내는 양심(良心)의 양(良)과 몸을 나타내는 신(身)은 서로 방향만 다르게 보고 있는(身:良) 것이다.

앞서 이야기한 바와 같이 『효경』의 제 1장에서 이야기한 '신체발부(身體髮

膚)'에서 신(身)을 단순히 몸으로만 해석하면, 효(孝)의 내용이 왜곡되는 것이다. 몸 체(體)와 터럭 발(髮) 그리고 살갗 부(膚)에서 몸에 대한 것을 모두 말하였기 때문에 신(身)은 마음을 담고 있는 몸으로 해석될 때 효(孝)의 근본정신이 살아나는 것이다.

『주역』에서 신(身)은 '수신(修身)', "몸을 돌아가 덕을 닦는다(반신수덕 反身修德)", "그 몸에서 그친다(간기신 艮其身)" 등으로 마음과 일체화 된 몸으로 이야기하고 있다.

한자 안의 **한자**읽기

· 몸 체(體) = 骨 + 豊 : 뼈와 살
· 터럭 발(髮) = 髟 + 彡 + 犮 : 길게 늘어진 터럭

車

수레 거, 차 차

　수레 거(車)는 그대로 수레를 본뜬 모양으로 수레와 관련된 한자에 사용되고 있다.

　　　　　궤(軌)는 거(車)와 구(九)이고, 　　윤(輪)은 거(車)와 륜(侖)이고, 　　여(輿)는 거(車)와 여(與)이고, 　　　전(轉)은 거(車)와 　　전(專)으로 모두 수레의 뜻을 가진 형성(形聲)문자이다.

　　　　　　　　　　　　　　　　　　　　　　　　　　　　　　　　　　　　　　　　　　　　　　　　　　　　　　　　　　　　　　　　　　　　　　　　　　　　

　'돕다'라는 뜻으로 　　보(輔)와 보(補) 그리고 보(保)가 있는데, 거(車)가 부수인 것은 곤도(坤道)가 돕는 것이고, 의(衤)가 부수인 것은 하늘인 건도(乾道)가 돕는 것이고, 인(亻)이 부수인 것은 사람이 돕는 것으로 천지인(天地人) 삼재로 구분해서 이해할 수 있다.

재(載)는 십(十)과 과(戈) 그리고 거(車)로 곤도(坤道)에 하늘의 뜻을 싣고 있다는 뜻이고, 군(軍)은 멱(冖)과 거(車)로 곤도를 덮고 있는 것이 군사이다.

『주역』에서 거(車)는 "큰 수레로써 싣는다(대거이재 大車以載)", "황금 수레에서 곤궁하다(곤우금거 困于金車)"라고 하여, 수레의 작용이 이루어지는 땅의 인격적 뜻인 곤괘(坤卦)의 의미로 사용하고 있다.

한자읽기

- 바퀴 윤(輪) = 車 + 侖 : 하나로 구르다.
- 구를 전(轉) = 車 + 專 : 온전한 수레
- 도울 보(輔) = 車 + 甫 : 수레를 크게 하다.
- 실을 재(載) = 十 + 戈 + 車 : 수레에 하늘을 싣다.

辛
매울 신

　신(辛)은 문신을 하기 위한 바늘을 본뜬 것으로 '괴롭다'·'죄'의 뜻을 나타내고, 또 맛이 매움을 나타내는 한자에 사용하고 있다.

　고(辜)는 고(古)와 신(辛)으로 옛날부터 괴롭던 것이 자신의 허물이 되고, 변(辨)과 변(辯)은 양쪽 신(辛)의 사이에 도(刂)와 언(言)이 있는데, 분별하다는 것으로 모두 사용되고 있다. 변(辨)은 도끼의 날카로움으로 허물을 나누는 것이고, 변(辯)은 하늘의 말씀으로 허물을 바로잡는다는 의미가 있다.

　벽(辟)은 시(尸)와 구(口) 그리고 신(辛)으로 하늘의 뜻을 세워서 죽음에 대해 말하는 사람이 임금이고, 벽(闢), 벽(壁) 그리고 벽(壁)은 모두 벽(辟)이 들어간 형성문자이다.

말씀 사(辭)는 난(亂)의 왼쪽과 신(辛)으로 어지러운 것을 세워서 가지런히 말씀한 것이다. 사(辭)에 신(辛)이 들어간 것은 단순한 말이 아니라 진리를 전하는 계사(繫辭)나 효사(爻辭) 등의 말씀이기 때문에 입지(立志)가 된 사람의 말씀을 글로 기록한 것이라 하겠다.

- 허물 고(辜) = 古 + 辛 : 옛 성인을 맵게 하다.
- 분별할 변(辨) = 辛 + 刂 : 칼로 나누다.
- 말 잘할 변(辯) = 辛 + 言 : 말로 나누다.
- 임금 벽(辟) = 尸 + 口 + 辛 : 죽음을 말하다.
- 열 벽(闢) = 門 + 辟 : 하늘이 열리다.
- 울타리 벽(壁) = 辟 + 土 : 흙으로 만든 벽

辰
별 진

진(辰)은 조개의 모양이나 별을 본뜬 것이라고 하는데, 이해하기 힘든 부수이다.

욕(辱)은 진(辰)과 촌(寸)으로 별은 아래로 내려와야 하는데 위에 있으니 욕이 되는 것이고, 진(震)은 우(雨)와 진(辰)으로 비를 내리는 하늘의 소리이다. 따라서 진(辰)은 하늘의 작용과 관계됨을 알 수 있다.

『주역』에서 진(辰)은 진괘(震卦)의 아래글자로 성인을 상징하고 있다.

쉬울 착

착(辵)은 행(行)과 지(止)를 합친 것으로 '잠시 가고 잠시 머무름'이고, 행(行)의 갈림길을 본뜬 것으로는 '걷다'·'길을 가다'의 뜻으로 사용된다. 또 착(辶)은 다른 한자를 받치고 있기 때문에 '책받침'으로도 불린다.

빠를 신(迅)은 착(辶)과 을(乙) 그리고 십(十)으로 생명이 움트는 것은 빠르게 된다는 의미이고, 가까울 근(近)은 착(辶)과 근(斤)으로 하늘의 심판은 가까운데 있고, 쫓을 추(追)는 착(辶)과 주(丶) 그리고 시(尸)와 방(匚)으로 죽음을 통해 하늘을 쫓아간다는 의미이다. 이외에도 착(辶)은 많은 한자에 사용되고 있다.

한자 안의 **한자**읽기

- 빠를 신(迅) = 辶 + 乙 + 十 : 생명이 빠르게 나오다.
- 가까울 근(近) = 辶 + 斤 : 심판은 가깝다.
- 쫓을 추(追) = 辶 + 丶 + 尸 + 匚 : 죽음을 통해 하늘을 쫓아가다.

邑

고을 읍

읍(邑)은 구(口)와 땅이름 파(巴)로 일정한 경계를 나타내는 방(方, 囗)과 구체적인 지역을 통해, 사람이 살아가는 '마을'·'고을'의 뜻을 나타내고 있다. 읍(邑)은 한자의 오른쪽에 있어서 '우부방(右阜傍)'이라고 불린다.

방(邦)은 봉(丰)과 읍(阝)이고, 군(郡)은 군(君)과 읍(阝)이고, 도(都)는 자(者)와 읍(阝)이고, 향(鄕)은 요(幺)와 백(白) 그리고 비(匕)와 읍(阝)이고, 구(邱)는 구(丘)와 읍(阝)으로 사람이 모여 사는 언덕이고, 교(郊)는 교(交)와 읍(阝)으로 모두 고을의 뜻을 가진 형성(形聲)문자이다.

그런데 읍(阝)이 부수인 한자에서 사(邪)와 비(鄙)는 일반적인 마을의 의미로는 풀이되지 않는다.

『주역』에서는 읍(邑)에 대하여 "읍(邑)을 정벌한다(벌읍 伐邑)", "읍국을 정벌하다(정읍국 征邑國)"라고 하여, 정벌의 대상으로 이야기하고, 또 무리를 지어 사는 고을 사람은 재앙이 있고, 변화를 행하는 사람은 자득한다고 하여,

변화를 하지 못하고 머물러 있는 곳으로 이야기하고 있다.

따라서 읍(邑)은 사람이 머물러 살아가는 곳이지만, 한편으로는 사람의 소인적(小人的)인 욕망이 침전된 곳으로 변화를 받아들이지 못하기 때문에 징벌의 대상이 되는 마을이다. 사(邪)와 비(鄙)에서 읍(邑)은 바로 간사하고 더러운 사람의 탐욕이 드러난 마을임을 알 수 있다.

또 『주역』에서는 "고을 사람(읍인 邑人)", "고을로부터 천명을 고하다(자읍고명 自邑告命)", "고을 사람들의 재앙(읍인지재 邑人之災)"이라 하여, 한 곳에 머물러 사는 사람들은 천명을 받기도 하지만, 변하지 못하여 천명을 어기기 때문에 재앙이 된다고 하였다.

한자 안의 **한자**읽기

· 나라 방(邦) = 丰 + 阝 : 예쁜 마을
· 고을 군(郡) = 君 + 阝 : 지도자가 있는 마을
· 도읍 도(都) = 者 + 阝 : 사람이 사는 마을
· 언덕 구(邱) = 丘 + 阝 : 마을 언덕
· 성 밖 교(郊) = 交 + 阝 : 사귀는 마을
· 간사할 사(邪) = 牙 + 阝 : 욕망이 드러난 마을
· 더러울 비(鄙) = 口 + 亠 + 回 + 阝 : 하늘을 가린 마을

酉
닭 유

유(酉)는 술그릇을 본뜬 것으로 술의 뜻을 나타내고 있다. 또 지지(地支)의 열 번째 닭으로 불리어 이름 지어진 것이다.

주(酒)는 수(氵)와 유(酉)이고,　　　작(酌)은 유(酉)와 작(勺)이고,　　감(酣)은 유(酉)와　　감(甘)으로 술의 의미를 가진 형성(形聲)문자이다.
취(醉)는 유(酉)와　　졸(卒)로 마침내는 술에 취하게 되고,　　추(醜)는 유(酉)와　　귀(鬼)로 귀신이 술을 먹으면 추해지고,　　의(醫)는 예(医)와 수(殳) 그리고 유(酉)로 성인의 가르침을 상자에 넣고 신도(神道)를 통해 사람을 치료하는 것이다.

다. 경사주(慶事酒) 이러한 3가지 일에 술이 허락되지만, 어떠한 경우에도 취하는 것은 안 된다고 하였다.

배(配)는 유(酉)와 기(己)로 술과 내가 하나로 되는 것이고, 60간지에서는 46번째 기유(己酉)가 된다.

- 술 주(酒) = 氵 + 酉 : 물이 술이 되다.
- 따를 작(酌) = 酉 + 勺 : 술을 따르다.
- 취할 취(醉) = 酉 + 卒 : 술의 졸병
- 추할 추(醜) = 酉 + 鬼 : 술의 귀신
- 짝 배(配) = 酉 + 己 : 기유(己酉)

采
분별할 변

분별한 변(采)은 짐승의 발톱이 갈라져 있는 모양을 본뜬 것으로 '나누다'
의 뜻을 나타내고 있다. 또 변(采)은 별(丿)과 미(米)로 쌀을 다스린다는 의
미이다.

수의 입장에서 만 것을 벌 자리 대로로 잡은 다스리다도 잘으로 쌀
밟의 근원인 어근의 뜻을 이어서 다스리고 분별한다고 하겠다.

채(采)는 조(爫)와 목(木)으로 나무를 캐는 것이고, 석(釋)은 변(采)과
망(罒) 그리고 행(幸)으로 하늘의 뜻을 그물로 분별하는 것이다.

한자 안의 **한자**읽기

- 캘 채(采) = 爫 + 木 : 손으로 나무를 캐다.
- 풀 석(釋) = 采 + 罒 + 幸 : 그물로 분별하다.

리(里)는 밭(田)이 정리된 농토나 토지(土地)의 신을 모신 사당을 형상화한 것으로 농토와 토지 신의 사당이 있는 마을을 뜻하고 있다.

　　리(理)는 옥(玉)과 리(里)로 마을을 진리로 다스리는 것이고, 중(重)은 별(丿)과 십(十) 그리고 리(里)로 하늘 아래의 마을을 무겁게 다스리고, 야(野)는 리(里)와 여(予)로 내가 살고 있는 성 밖이고, 양(量)은 왈(曰)과 일(一) 그리고 리(里)로 마을에서 하나의 기준이 되는 량을 말하는 것이다.

　　리(里)는 왈(曰)과 토(土)로 땅이 말을 하는 것으로 풀이할 수도 있다.

**한자읽기**

- 다스릴 리(理) = 玉 + 里 : 옥을 다스리다.
- 무거울 중(重) = 丿 + 十 + 里 : 하늘이 다스리다.
- 들 야(野) = 里 + 予 : 내가 다스리다.
- 량 양(量) = 曰 + 一 + 里 : 하나의 기준이다.

金
쇠 금

쇠 금(金)은 옥편에서 이제 금(今)과 토(土) 그리고 팔(八)로 풀이하여, 흙 속에 금속이 포함되어 있다는 뜻으로 금속과 관련된 한자에 사용되고 있다.

『주역』에서 금(金)은 "금 화살을 얻다(득금시 得金矢)", "누른 금을 얻다(득 황금 得黃金)", "금 수레에서 곤궁하다(곤우금거 困于金車)"라고 하여, 건도(乾 道)를 상징하고 있다.

한자 안의 **한자**읽기

· 구리 동(銅) = 金 + 同 : 금을 하나로 뭉치다.
· 은 은(銀) = 金 + 艮 : 금이 그치다.
· 강철 강(鋼) = 金 + 岡 : 금의 줄기
· 돈 전(錢) = 金 + 戔 : 금이 자잘하다.
· 바늘 침(鍼) = 金 + 咸 : 쇠에 감흥하다.
· 섞일 착(錯) = 金 + 昔 : 옛날 금

長
길장

　장(長)은 사람의 긴 머리를 본뜬 것으로 '길다'라는 뜻을 가진 한자에 사용되고 있다. 배풀 장(張)과 휘장 장(帳)은 소리를 가진 형성(形聲)문자이다.

　주역에서 장(長)은 '기르다'라는 의미도 가지고 있어며, '장인(丈人)'이나 '장사(長沙)'라고 하여, 이는 장(長)으로 사용되어 다른 사람과 만물을 기르는 지도자의 의미를 가지고 있다.

· 배풀 장(張) = 弓 + 長 : 활을 길게 하다.
· 휘장 장(帳) = 巾 + 長 : 수건을 길게 하다.

문(門)은 좌우 두 개의 문짝을 본뜬 것으로 외짝 문을 의미하는 호(戶)가 양쪽으로 있는 큰 문이다.

폐(閉)는 문(門)과 재(才)로 삼재의 원리를 통해 마음의 문을 닫고, 개(開)는 문(門)과 일(一) 그리고 입(廾)으로 십일(十一)의 원리를 통해 마음의 문을 열고,　한(閑)은 문(門)과 목(木)으로서 목도(木道)로 마음의 삿된 말씀을 막는 것이다.　관(關)은 문(門)과 요(幺) 2개 그리고 철(丱)로서 진리로 통하는 길의 관문이다.

간(間)은 문(門)과 일(日)로 내 마음의 문에 진리가 들어오는 것을 뜻하고,    문(問)은 문(門)과 구(口)로 입으로 진리에 대해 묻는 것이고,
문(聞)은 문(門)과 이(耳)로 귀를 통해 진리를 듣는 것이다.

한자읽기

＝ 門 + 才 : 문을 닫다.

＝ 門 + 一 + 卄 : 문을 열다.

＝ 門 + 木 : 신도를 익히다.

＝ 門 + 幺 + 山 : 진리가 통하는 관문

＝ 門 + 日 : 진리가 들어오는 문

＝ 門 + 口 : 진리를 묻다.

＝ 門 + 耳 : 진리를 듣다.

阜
언덕 부

부(阜)는 산의 언덕을 형상화한 것으로 이해하고 있다. 부(阜)는 보통 한자의 왼쪽에 붙어서 '좌부방'이라 불리면서 부(阝)로 많이 사용되고 있다.

부(阝)가 들어간 대표적 한자로 음양(陰陽)이 있다. 음(陰)은 그늘이 지는 언덕이라고 하여 어두움·음수(陰數) 등의 의미를 가지고 있지만, 음(陰)을 나누어 보면, 부(阝)와 이제 금(今) 그리고 이(二)와 사(厶)로 구성되어 짝수인 이(二)가 가운데 들어 있음을 알 수 있다.

또 양(陽)은 햇볕이 잘 들어오는 언덕으로 밝음, 양수(陽數) 등의 의미를 가지고 있지만, 양(陽)을 나누어 보면, 부(阝)와 일(日) 그리고 일(一)과 물(勿)로 구성되어 홀수인 일(一)이 가운데 들어 있음을 알 수 있다.

부(阜)가 부수인 한자를 보면, 언덕 아(阿)는 부(阝)와 가(可)이고, 한계 한(限)은 부(阝)와 간(艮)으로 언덕이 멈춘 곳이고, 섬돌 제(除)는 부(阝)와 여(余)로 내가 가는 길이고, 늘어놓을 진(陳)은 부(阝)와 동(東)으로 동쪽 언덕에서부터 늘어놓은 것이고, 언덕 릉(陵)은 부(阝)와 능(夌)이고, 숨을 은(隱)은 부(阝)와 은(㥯)의 오른쪽으로 언덕에 숨어 있는 것이다.

한자 안의 한자읽기

- 언덕 아(阿) = 阝 + 可 : 옳은 언덕
- 한계 한(限) = 阝 + 艮 : 언덕이 멈춘 곳
- 섬돌 제(除) = 阝 + 余 : 나의 언덕
- 늘어놓을 진(陳) = 阝 + 東 : 동쪽 언덕에서부터 진열하다.
- 언덕 릉(陵) = 阝 + 夌 : 흙이 쌓인 언덕
- 숨을 은(隱) = 阝 + 爫 + 工 + 彐 + 心 : 언덕에 숨어서 진리를 헤아리다.

이(隶)는 꼬리를 잡으려는 손으로 '미치다'·'이르다'의 뜻이다. 손(⺕)
으로 수(氺)를 잡고(丨) 있는 것이다.

예(隸)는 사(土)와 시(示) 그리고 이(隶)로 선비가 하늘의 계시를 잡
고 있는 의미이다.

예(隸) = 土 + 示 + 隶 : 하늘의 뜻에 미치다.

隹
대주

추(隹)는 새의 모양을 한자로 표시한 것이다. 추(隹)를 부수로 하는 한자의 대부분은 새와 관련된 이름으로 되어 있다. 그런데 중요한 글자에서는 새의 의미와는 전혀 다르게 사용되고 있는 것이다.

유(惟)나    유(唯),    유(維) 등은 모두 사람의 생각과 관련된 것으로 하늘의 사상 작용과 관계가 있다.

난(難)의 경우도 해석이 어렵기는 마찬가지이다. 난(難)은 추(隹)가 천사(天使)를 상징하기 때문에 하늘이 내려주는 어려움으로 심판의 뜻이 있다. 반면에    간(艱)은 군자를 상징하는 간(艮)이 있어서 사람이 만든 어려움이다.

추(推)는    수(扌)와 추(隹)로 하늘의 사상 원리를 손으로 헤아리는 것이고,    옹(雍)은 두(亠)와 요(幺) 그리고 추(隹)로 하늘의 작용에 작게 화답하는 것이고, 잡(雜)은 두(亠)와 인(人) 2개 그리고 목(木)과 추(隹)로 하늘 아래에 사람과 목도(木道)가 서로 섞여 있는 것이다.

또 쌍(雙)은 추(隹) 2개와 우(又)로 새 2마리를 쌍으로 잡고 있는 것이다.

『주역』에서 추(推)는 "강(剛)과 유(柔)가 서로 밀어서 변화가 생긴다(강유상추 이생변화 剛柔相推 而生變化)", "해와 달이 서로 밀어서 밝음이 생긴다(일월상추 이명생언 日月相推 而明生焉)"라고 하여, 하늘과 땅의 작용으로 이야기하고 있다.

• 어려울 난(難) = 廿 + 中 + 夫 + 隹 : 하늘이 내리는 어려움이다.
• 밀 추(推) = 扌 + 隹 : 손으로 헤아리다.
• 화할 옹(雍) = 亠 + 幺 + 隹 : 하늘에 화하다.
• 섞일 잡(雜) = 亠 + 人 + 木 + 隹 : 사람과 신도가 섞이다.
• 쌍 쌍(雙) = 隹 + 隹 + 又 : 두 마리 새를 잡다.

비 우

雨 우(雨)는 하늘의 구름에서 물방울이 떨어지는 모양을 본뜬 것이다.

『주역』에서 우(雨)는 감괘(坎卦)를 상징하는 것으로 "구름이 행하여 비가 오면 만물의 생명이 일어난다(운행우시 품물류형 雲行雨施 品物流形)"라 하여, 하늘이 내려주는 은택으로 이야기하고 있다. 물이 하늘의 은택과 고난을 함께 가지고 있다면, 비는 하늘이 내려주는 은택인 것이다.

한자읽기

- = 雨 + 크 : 비가 얼다.
- = 雨 + 云 : 비에 이르다.
- = 雨 + 田 : 비의 밭
- = 雨 + 路 : 비가 각각으로 나누어지다.
- = 雨 + 口 + 巫 : 비와 같이 하늘과 땅을 연결시키다.

청(靑)은 '푸른 풀이 나다'라는 형성(形聲)문자로 '푸르다'는 뜻을 나타내고 있다.

청(淸)은 수(氵)와 청(靑)으로 푸른 물은 맑고,　　　정(靜)은 청(靑)과 쟁(爭)으로 다툼이 맑아져서 고요해지는 것이다.

- 맑을 청(淸) = 氵 + 靑 : 비가 얼다.
- 고요할 정(靜) = 靑 + 爫 + 彐 + 亅 : 손으로 하늘을 잡다.

비(非)는 서로 등을 지고 좌우로 벌리는 모양을 본뜬 것으로 '등지다'·'어긋나다'의 뜻을 나타내어 부정적인 의미를 담고 있다.

배(排)는 수(扌)와 비(非)로 손으로 잘못된 것을 헤아려 배척하는 것이고, 배(徘)는 척(彳)과 비(非)로 두 사람이 배회(徘徊)하는 것이다.

面

얼굴 면

얼굴 면(面)은 사람의 머리 부분을 형상화한 것이다. 머리 수(首)에서 팔(丷)을 제외하고 얼굴 윤곽을 나타내는 국(囗)을 붙인 모양이다.

우리 속담에 '나이 사십(四十)이 되면 자기의 얼굴에 책임을 져야한다'는 이야기가 있는데, 우리말 '얼굴'에서 '얼'은 혼(魂, 정신)이고, '굴'은 통하는 곳이라는 뜻으로 마음이 드러나는 곳이기 때문에 덕(德)을 쌓고 올바로 살아가야 한다는 것이다.

『주역』에서는 면(面)에 대하여, 「택수곤괘」에서 "소인은 얼굴을 바꾼다(소인혁면 小人革面)"라고 하여, 사람의 마음이 아니라 겉으로 드러나는 모습을 의미하는 얼굴로 이야기하고 있다.

한자 안의 **한자**읽기

· 큰 덕(德) = 彳 + 十 + 罒 + 一 + 心 : 하늘과 땅을 마음으로 행하다.
· 들을 청(聽) = 耳 + 王 + 悳 : 귀로 하늘의 소리를 듣다.

革
가죽 혁

가죽 혁(革)은 머리부터 꼬리까지 벗긴 짐승의 가죽을 본뜬 것이다. 또 혁(革)은 변혁(變革)의 의미로 '바꾸다'는 뜻을 가지고 있다.

『주역』에서 혁(革)은 「대화이괘」의 괘 이름으로 가죽이라는 의미보다 '바꾸다'는 뜻으로 사용되고 있다. 전서가 마쳐져 사시(四時)가 이루어지고, 탕무(湯武)가 천명을 바꾸어 천도에 순응하고 사람들에게 응하니 혁괘(革卦)의 시(時)가 위대하다고 하였다.

혁(革)은 스물 입(廿)과 중(中) 그리고 일(一)로 자기의 마음 가운데에서 이십(二十)과 일(一)을 쓰는 것으로 해석할 수 있다. 혁명(革命)은 천명(天命)을 바꾸는 변화라고 하겠다.

한자 안의 **한자읽기**

· 채찍 편(鞭) = 革 + 便 : 변화를 요구하다.

위(韋)는 짐승의 부드러운 가죽을 형상화한 것으로 털을 뽑아낸 짐승의 가죽을 뜻한다. 위(韋)가 부수인 한(韓)은 조(朝)의 왼쪽과 위(韋)로 '아침의 나라'라는 뜻을 가지고 있다.

　위(圍)는 국(囗)과 위(韋)로 위(韋)를 둘러싸고 있는 것이고, 위(違)는 착(辶)과 위(韋)로 위(韋)가 가다가 그치는 것이니 어기는 것이고, 위(衛)는 행(行)과 위(韋)로 위(韋)의 양쪽에서 행(行)하는 것이다.

- 둘레 위(圍) = 囗 + 韋 : 십일(十一)을 감싸다.
- 어길 위(違) = 辶 + 韋 : 십일(十一)이 가다가 멈추다.
- 지킬 위(衛) = 行 + 韋 : 십일(十一)을 행하다.

부추 구

　구(韭)는 풀 초(艹)가 들어간 구(韮)와 같은 한자로 부추 등의 야채나 그것을 사용하여 만든 요리의 한자에 사용되고 있다. 구(韮) 이외는 많이 사용하는 한자는 없다.

　구(韭)는 비(非)와 일(一)로 땅 위에서 식물이 자라는 뜻으로 해석할 수 있다.

한자인의 한자읽기

・부추 구(韮) = 艹 + 韭 : 부추

音

소리 음

소리 음(音)은 말씀 언(言)의 아래 부분에 획이 붙여진 것으로 현악기·관악기나 쇠·돌·나무 등에서 나는 소리를 뜻하는 부수이다.

예기 『악기(樂記)』에서는 소리 성(聲)이 일정한 형식을 가지고 그 리미는 것을 음(音)이라고 하였다.

음(音)은 말소리 향(言)으로 입사(言辭)되 군자가 말하는 소리이다. 뜻을 세운 군자는 성인이 가르쳐준 말씀을 익히고, 그것을 말하기 때문에 하늘의 소리를 전하는 것과 같은 것이다.

『주역』에서 음(音)은 「뇌산소과괘」에서 "하늘을 나는 날개의 소리(한음 翰音)"이나 "나는 새가 남긴 소리(비조유지음 飛鳥遺之音)"라고 하여, 하늘의 말씀을 전하는 새의 소리로 이야기하고 있다.

한자 안의 **한자**읽기

- 풍류이름 소(韶) = 音 + 召 : 부르는 소리
- 울림 운(韻) = 音 + 員 : 소리가 둥글다.

머리 혈      머리 수

　머리 혈(頁)은 사람의 목에서부터 머리 끝 까지를 형상화 시켜 만든 부수이고, 머리 수(首)는 눈과 머리털을 강조하여 머리를 본뜬 것이다. 혈(頁)과 수(首)는 머리나 머리와 관련된 부위의 명칭이나 상태를 나타내고 있다.

　부수로 혈(頁)과 함께 수(首)를 사용하고 있는데 그 차이는 무엇인가? 궁금해지는 것이다. 똑같은 머리를 나타내는 한자가 2개인 이유를『주역』의 입장에서 이야기하고자 한다.

　혈(頁)이 들어간 한자로 나타날 현(顯)이나 기울 경(傾) 등을 보면 현상에서 작용하는 머리라는 의미로 생각되고, 수(首)는 길 도(道)가 대표적인데, 도(道)는 단순히 길이라는 의미를 넘어서 동양학의 가장 근원적 진리를 상징하는 한자로 본체적 의미를 가지고 있다.

　그래서 혈(頁)은 양(陽)괘 자(字)이고 수(首)의 음(陰)은 근원적이 작용의 근원수를 결정하는 절대 수(數)이란 물음으로 머리 머리라면, 수(首)는 길(道)과 없다 그리고 자(字)으로 작용이 보여지는 기준로 혈(頁)이 첫 머리에 있는 신이다.

　또 혈(頁)을 부수로 하는 한자는 많고, 수(首)가 부수인 한자는 거의 없는 것도 작용과 본체의 의미를 가지고 있기 때문이라 생각된다.

머리 두(頭)은 콩 두(豆)와 혈(頁)이고, 목 령(領)은 령(令)과 혈(頁)이고, 완고할 완(頑)은 원(元, 完)과 혈(頁)이고, 얼굴 안(顔)은 언(彦)과 혈(頁)로 머리와 관련된 뜻을 가진 형성(形聲)문자이다.

『주역』에서는 "무리의 용들이 나타나되 머리가 없으면 길한 것이다(현군룡 무수 길 見群龍 无首 吉)"라고 하고, 「중천건괘(重天乾卦)」에서는 머리가 없으면 길하다고 하였다. 머리가 없는 동물은 존재하지 않기 때문에 머리가 없다는 것은 진짜로 머리가 없다는 것이 아니라 본체가 되기 때문에 드러나지 않는 다는 의미이다.

또 「수화기제괘(水火旣濟卦)」에서는 "그 머리를 적시면 위태로운 것이다(유기 수 려 濡其首 厲)"라고 하여, 머리를 작용하여 적시면 위태롭게 된다고 하였다.

한자 안의 **한자**읽기

- 나타날 현(顯) = 日 + 幺 + 幺 + 灬 + 頁 : 머리가 작게 드러나다
- 기울 경(傾) = 化 + 頁 : 머리가 변하다.
- 길 도(道) = 辶 + 首 : 머리가 가고 서다.
- 목 령(領) = 令 + 頁 : 머리에 명령하다.
- 완고할 완(頑) = 元 + 頁 : 으뜸 된 머리이다.
- 얼굴 안(顔) = 彦 + 頁 : 선비의 머리

風

바람 풍

바람 풍(風)은 바람에 따라가는 돛의 형상을 본떴다는 주장과 봉황의 형상을 본떴다는 주장이 있다.

풍(風)은 궤(几)와 범(凡) 그리고 충(虫)으로 하늘의 작용을 의미하는 중(中)을 다스려 책상에 편안하게 있는 의미를 담고 있다. 손괘(巽卦)를 상징하여 『주역』의 여러 곳에서 이야기하고 있다.

대표적으로 「중천건괘」에서는 "바람은 호랑이를 쫓아간다(풍종호 風從虎)"라고 하고, 바람이 하늘 위에서 부는 괘는 「풍천소축괘」이고, 바람이 불로부터 나오는 괘는 「풍화가인괘」이고, 바람을 따라가는 「중풍손괘」에서는 "천명을 펼쳐서 일을 행한다(신명행사 申命行事)"라고 하였다.

한자 안의 **한자**읽기

· 날릴 양(颺) = 風 + 昜 : 바람에 날리다.
· 쫓을 종(從) = 彳 + 人 + 止 : 두 사람이 가다 멈추다.

날 비

비(飛)는 새가 날개를 치며 나는 모양을 본뜬 것으로 '날다'의 뜻을 나타내며, 나는 것과 관련된 한자에 사용되고 있다.

비(飛)가 들어간 한자도 많지 않은데, 번(翻)은 번(番)과 비(飛)로 번갈아 가면서 작용하는 날개의 움직임을 나타내는 것이다.

『주역』에서 비(飛)는 「중천건괘」에서 "나는 용이 하늘에 있다(비룡어천 飛龍在天)"이라 하고, 「뇌산소과괘」에서 "나는 새가 남긴 소리(비조유지음 飛鳥遺之音)", "나는 새(비조 飛鳥)"라고 하여, 하늘의 소리를 전하는 용이나 새를 이야기하고 있다.

한자 안의 **한자**읽기

• 날 번(翻) = 番 + 飛 : 번갈아 날다.

食

밥 식

식(食)은 식기에 음식을 담고 뚜껑을 덮은 모양을 본뜬 것으로 '음식'이나 '먹다'라는 뜻으로 사용되고 있다. 식(食)은 동사로는 '먹을 식'(食)이고 명사로는 '밥 사'(食)이다.

음(飮)은 식(食)과 흠(欠)이고, 밥 반(飯)은 식(食)과 반(反)이고, 배부를 포(飽)는 식(食)과 포(包)이고, 남을 여(餘)는 식(食)과 여(余)로 음식의 뜻을 가진 형성문자이다.

또한 『주역』에서 식(食)은 「수천수괘(水天需卦)」에서 '음식지도(飮食之道)'라하여, 식(食)을 도(道)의 입장에서 이야기하고 있다. 그래서 제사(祭祀)에 사용되는 여러 가지 재료(음식 포함)를 제수(祭需)라고 하는데, '수(需)'가 바로

『주역』의 괘 이름에서 비롯된 것이다.

또 「산천대축괘」에서는 "옛 덕을 먹는다(식구덕 食舊德)"라 하고, 「산지박괘」에서는 "큰 열매는 먹지 않는다(석과불식 碩果不食)"라 하였고, 「산뢰이괘」에서는 "마시고 먹음에 절도가 있다(절음식 節飮食)"라고 하였다.

# 香

향기 향

향기 향(香)은 벼 화(禾)와 가로 왈(日)의 합자이다. 복도(卜師)를 다스리는 화(禾)의 말씀은 향기롭다는 뜻이다. 진리를 깨우친 사람의 말에는 향기가 있다.

향(香)은 향기의 의미로 직접 사용되고 있는데, 향내 날 형(馨)은 성(殸)과 향(香)으로 향기로운 소리가 진동하여 멀리 간다는 것이고, 향기 복(馥)은 향(香)과 갈 복(复)으로 향기를 풍기다라는 뜻으로 사용된다.

한자 안의 **한자**읽기

· 향내 날 형(馨) = 聲 + 香 : 향기의 소리
· 향기 복(馥) = 香 + 复 : 향기가 가다.

10획

馬

말 마

마(馬)는 말의 모양을 본뜬 것으로 여러 종류의 말이나 말과 관련된 한자에 사용된다.

치(馳)는 마(馬)와 야(也)이고, 가(駕)는 가(加)와 마(馬)이고, 준(駿)은 마(馬)와 준(俊)의 오른쪽으로 말의 의미를 가진 형성문자이다.

또 교(驕)는 마(馬)와 고(高)로 땅에서 뛰어 다니는 말이 높이 올라가려는 것이고, 경(驚)은 경(敬)과 마(馬)로 말이 공경하는 것은 놀라운 일이다.

『주역』에서 마(馬)는 건괘(乾卦)를 상징하는데, 빈마(牝馬), 암마(良馬), 백마(白馬) 등 다양한 말과 "말에 올리타나(승마 乘馬)" 등으로 이야기 하고 있다.

증험한 험(驗)은 마(馬)와 첨(僉)으로 말을 타보아야 증거할 수 있다고 하지만, 마(馬)가 건도(乾道)를 상징하기 때문에 하늘의 뜻이 주어진 것을 증거하는 것이다.

철학에서 '선험(先驗)'은 경험에 앞선 인식의 주관적 형식이 사람에게 있다는 의미이지만, 실제적으로는 하늘의 뜻이 선제적으로 사람에 있다는 것으로 해석되는 것이다.

한자인의 **한자**읽기

- 달릴 치(馳) = 馬 + 也 : 말이 마치다.
- 준마 준(駿) = 馬 + 俊 : 뛰어난 말
- 탈것 가(駕) = 加 + 馬 : 말에 더하다.
- 교만할 교(驕) = 馬 + 高 : 말이 높이 가다.
- 놀랄 경(驚) = 敬 + 馬 : 공경하는 말

骨
뼈 골

　　 골(骨)은 뼈의 형상으로 몸을 이루는 핵심인 뼈의 뜻이다. 뼈의 명칭이나 뼈로 만든 물건 등의 한자에 사용된다.

　　수(髓)는 골(骨)과 수(隨)의 오른쪽으로 뼈의 속에 가득 차 있는 골수를 말하고, 체(體)는 골(骨)과 풍(豊)으로 많은 뼈가 모인 몸을 말하고 있다.

• 골수 수(髓) = 骨 + 隨 : 뼈를 따르다.
• 몸 체(體) = 骨 + 豊 : 뼈가 풍성해지다.

高
높을 고

 높은 고(高)는 높고 큰 문 위의 높은 누다락의 모양을 본뜬 것으로 '높다'라는 뜻의 부수이다. 고(高)는 자체로 많이 쓰이고, 부수로 사용된 한자는 거의 없다.

『주역』에서 고(高)는 「중천건괘」에서 "지위가 높은데 백성이 없다(고이무민 高而无民)"라 하고, 「지풍승괘」에서 "그 높은 언덕에 올라간다(승기고릉 升其高陵)", "작은 것을 쌓아서 높게 한다(적소이고대 積小以高大)"라 하고, 「계사상편」에서 "낮은 곳에서 높은 곳으로 진열한다(비고이진 卑高以陳)"라고 하였다. 특히 「설괘」에서는 "고(高)는 손괘(巽卦)가 된다(손위고 巽爲高)"라고 하였다.

한자 안의 **한자**읽기

· 오를 승(升) = 丿 + 廾 : 이십을 다스리다.
· 손괘 손(巽) = 巳 + 共 : 함께 잡다.

髟

긴 터럭 표

장(長)은 긴 머리의 형상으로 '길다'라는 뜻이고, 삼(彡)은 머리가 늘어지는 모양을 나타내어, 긴 터럭 표(髟)는 머리털이나 수염을 의미하는 부수이다.

터럭 발(髮)은 표(髟)와 달릴 발(犮)이고, 수염 수(鬚)는 표(髟)와 수(須)로 긴 터럭을 나타내는 의미를 가진 형성(形聲)문자이다.

한자안의 **한자**읽기

- 터럭 발(髮) = 髟 + 犮 : 긴 머리털을 늘어뜨리다.
- 수염 수(鬚) = 髟 + 須 : 기다리는 터럭.

鬪

싸움 투

싸울 투(鬪)는 두 사람이 마주 보고 싸우고 있는 모양을 본뜬 것으로 '싸우다'·'다투다'라는 뜻을 가지고 있다.

수역의 입장에서 투(鬪)는 군(工)과 왕(王), 왕(王)과 킹(王)로 두 왕이 서로 친가와 자(敵) 인재기틀의 잔디를 깨우겠니고 싸우는 것이다.

싸울 투(鬪)는 투(鬥)와 두(豆) 그리고 촌(寸)으로 소리와 뜻이 모두 투(鬥)인 한자이다.

한자 인의 **한자**읽기

· 싸울 투(鬪) = 鬥 + 豆 + 寸 : 도수를 헤아리기 위해 고군분투하다.

술 창

술 창(鬯)은 그릇인 감(凵)에 쌀을 넣고 숟갈을 곁들여서 빚은 술의 뜻을
나타내고 있다.

『주역』에서는 "우레가 백리(百里)에 울림에 비창(匕鬯)을 잃어버리지 않는
다(진경백리 불상비창 震驚百里 不喪匕鬯)"라고 하여, 숟가락 비(匕)와 울창주 창(鬯)
을 통해 하늘에 제사를 올리는 뜻을 담고 있다. 창(鬯)은 하늘에 올리는 제
주(祭酒)로 신명(神明)과 감통하는 매개물의 의미를 담고 있다.

鬲
솥 력

솥 력(鬲)은 다리가 셋 달린 솥을 본뜬 것으로 솥이나 솥으로 찌는 일 등과 관련된 한자에 사용된다.

죽 죽(鬻)은 죽(粥)과 력(鬲)으로 가마솥으로 푹 삶은 쌀이 죽이라는 뜻을 가지고 있다. 하늘에 제사 지내는 음식을 삶는 솥 정(鼎)과 관계되는 것으로 력(鬲)도 다리가 셋 달린 것은 천지인(天地人) 삼재(三才)를 의미한다고 하겠다. 세 다리는 국가를 이루는 3가지 기본인 백성과 영토 그리고 주권(군주)을 뜻하는 것이다.

한자 안의 **한자**읽기

· 죽 죽(鬻) = 粥 + 鬲 : 솥에서 끓이다.

鬼
귀신 귀

　　귀(鬼)는 무시무시한 머리를 한 사람의 형상을 본뜬 것으로 죽은 사람의 혼을 뜻하며, 영혼이나 초자연적인 것을 의미하는 한자에 사용된다.

　　혼(魂)은 운(云)과 귀(鬼)이고, 백(魄)은 백(白)과 귀(鬼)이고, 마(魔)는 마(麻)와 귀(鬼)이고, 매(魅)는 귀(鬼)와 미(未)로 귀(鬼)의 형성(形聲)문자이다.

　　鬼(鬼)로 분석하면, 은 의 죽음 으로 없음과 사그라져 버림의 뜻이 으며, 마음 면에서 자유가 없지 않 것의 이 뜻을 집착하는 사람으로 볼이된다. 또 귀(鬼)는 귀신 신(神)과 함께 사용되어 신비스러운 진리의 세계를 표현하고 있다.

　　『주역』에서는 "귀신과 더불어 길흉(吉凶)에 합한다(여귀신합기길흉 與鬼神合其吉凶)", "귀신은 가득 찬 것을 해치고 겸손한 것에 복을 주고(귀신 해영이복겸 鬼神 害盈而福謙)"라 하고, "귀신의 뜻과 상태를 안다(지귀신지정상 知鬼神之

情狀)"라고 하여, 사람과 함께 길흉(吉凶)을 같이하고, 또 사람에게 복과 해로움을 주고, 귀신의 뜻과 상태를 안다고 하였다.

귀신(鬼神)은 형상을 가진 대상적 존재가 아니라 사람들이 우러러 살아갈 수 있는 것을 밝힌 뜻을 가진 존재임을 알 수 있다. 『주역』에서 귀신은 인류에 먼저 와서 진리의 말씀을 밝히고 살아갈 성인(聖人)을 의미하고 있다. 우리가 귀신같다라고 하는 말은 바로 성인이 밝힌 하늘의 작용을 말하는 것이다.

주희(朱熹)는 『주역』의 귀신에 대하여 "귀신은 무릇 기우생성(奇偶生成)의 수가 굴신(屈伸)·왕래(往來)하는 것을 말한다.(귀신 위범기우생성지굴신왕래자 鬼神謂凡奇偶生成之屈伸往來者.)"라고 하여, 수의 이치로 해석하고, 또 "역(易)이라는 것은 음양 뿐이다. 유명(幽明)·생사(死生)·귀신(鬼神)은 모두 음양의 변화이다. 음(陰)은 정(精)이고 양(陽)은 기(氣)이다. 모이면 물이 이루어지니 신(神)의 펼쳐짐이다. 혼(魂)은 흐르고 백(魄)은 내려간다. 흩어져서 변화가 되는 것이니 귀(鬼)의 돌아감이다.(易者 陰陽而已 幽明死生鬼神 皆陰陽之變 (중략) 陰精陽氣 聚而成物 神之伸也 遊魂魄降 散而爲變 鬼之歸也.)"라고 하여, 신(神)은 펼쳐지는 것이고, 귀(鬼)는 돌아가는 기운이라 하였다. 이러한 주희의 견해는 이후의 유학자들의 귀신론(鬼神論)에 지대한 영향을 미치고 있다.

한자 안의 **한자**읽기

- 넋 혼(魂) = 云 + 鬼 : 귀신을 말하다.
- 넋 백(魄) = 白 + 鬼 : 귀신의 몸
- 마귀 마(魔) = 麻 + 鬼 : 숲에 있는 귀신
- 도깨비 매(魅) = 鬼 + 未 : 아직 귀신이 아니다.

魚

물고기 어

　물고기 어(魚)는 물고기를 본뜬 것으로 물고기의 명칭이나 물고기를 가공한 것 등을 뜻하는 한자의 부수로 사용된다.

　미련할 노(魯)는 어(魚)와 왈(曰)로 물고기가 말하니 둔하고 어리석다.

　『주역』에서는 어(魚)에 대하여 "감싸는데 물고기가 있다(포유어 包有魚)"·"감싸는데 물고기가 없다(포무어 包无魚)"라 하여, 백성을 상징적으로 표현하고 있다.

　물론 직접 물고기의 뜻도 가지고 있지만, 수많은 어린 물고기가 몰려다니는 것이 백성들이 바람에 따라 움직이는 모습과 같기 때문에 비유적으로 백성을 어(魚)로 이야기하고 있다.

한자 안의 **한자**읽기

・ 붕어 부(鮒) = 魚 + 付 : 물고기를 주다
・ 비늘 린(鱗) = 魚 + 隣 : 물고기의 이웃
・ 방어 방(魴) = 魚 + 方 : 물고기를 방향
・ 미련할 노(魯) = 魚 + 曰 : 물고기 말하다.

# 鳥

새 조

새 조(鳥)는 새의 형상을 본뜬 것으로 새의 명칭이나 새와 관련된 한자에 사용되고 있다.

『주역』에서는 조(鳥)에 대하여 "새가 자기 집을 불태운다(조분기소 鳥焚其巢)", "나는 새가 남긴 소리(비조유지음 飛鳥遺之音)", "나는 새가 떠나간다(비조리지 飛鳥離之)"라고 하여, 새가 남긴 소리는 하늘의 소리고, 새가 떠나간다는 것은 천명이 사라진다는 것으로 새가 하늘의 소리를 전하는 것으로 이야기하고 있다.

한자 안의 **한자**읽기

- 봉새 붕(鵬) = 几 + 一 + 鳥 : 신도를 상징하는 하나의 새
- 기러기 홍(鴻) = 江 + 鳥 : 물가에 있는 새
- 까치 작(鵲) = 昔 + 鳥 : 옛날이야기 속의 새
- 학 학(鶴) = 寉 + 鳥 : 확실한 새
- 닭 계(鷄) = 爫 + 幺 + 大 + 鳥 : 하늘 작용을 알리는 새

소금밭 로

소금밭 로(鹵)는 주머니에 싼 암염(巖鹽)을 본뜬 것으로 소금과 관련된 한자에 사용되고 있다.

짤 함(鹹)은 로(鹵)와 다 함(咸)이고, 소금 염(鹽)은 감(監)과 로(鹵)로 소금의 뜻을 가진 형성(形聲)문자이다.

鹿
사슴 록

사슴 록(鹿)은 뿔이 있는 수사슴의 모양을 본뜬 것이다.

록(鹿)이 들어간 한자에서 거칠 추(麤)와 고울 려(麗)는 서로 상반된 뜻으로 사용되고 있다. 록(鹿)이 3개가 되면 거칠고 성질이 사나워지고, 록(鹿) 위에 일(一)과 경(冂)이 있으면 아름답고 고와지는 것이다.

일반적으로 '사슴'하면, 순하고 사람에게 이로운 동물의 이미지로 기억되고 있다. 무격에서는 록(鹿)에 대하여 "사슴을 잡을 때 긴장하기 없다 수많은 때 물리들과다고 하여, 많은 뿔이 다리는 사슴은 사람들의 희생을 상징하고 있다. 그에 예식는 사람과 금수의 차이는 어디가 경계선 "수사슴과 새끼 수사슴이 어미 암사슴을 자랑하며 사후로 된라이다"다 하여, 사슴은 어미의 세계가 적어가 없는 동물의 세계가 되리라고 한다.

한자읽기

- 기린 기(麒) = 鹿 + 其 : 그 사슴
- 거칠 추(麤) = 鹿 + 鹿 + 鹿 : 거친 금수의 세계
- 고울 려(麗) = 一 + 冂 + 鹿 : 하나로 다스려진 사슴

麥
보리 맥

보리 맥(麥)은 올 래(來)와 치(夂)가 만난 회의(會意)문자로 보리나 보리로 만든 것의 부수로 사용된다.

밀가루 면(麵)은 맥(麥)과 면(面)이고, 누룩 국(麴)은 맥(麥)과 국(匊)으로 보리의 뜻이 있는 형성(形聲)문자이다.

· 밀가루 면(麵) = 맥(麥) + 면(面) : 보리의 얼굴
· 누룩 국(麴) = 맥(麥) + 국(匊) : 발아시키다.

麻
삼 마

삼 마(麻)는 엄(广)과 출(朮) 내지 림(林)의 회의(會意)문자로 삼의 껍질을 벗기는 모양을 본뜬 것이고, 삼에 관한 문자의 부수로 사용된다.

아닐 미(靡)는 마(麻)와 비(非)로 아니다 라는 뜻이고, 갈 마(磨)와 갈 마(摩)는 마(麻)와 석(石) 그리고 수(手)로 돌이나 손으로 간다는 뜻으로 사용되어 소리만 빌려간 것이다.

마(麻)는 자체의 한자로 사용되고, 부수로서 많이 사용되는 한자는 없다.

한자 인의 **한자**읽기

· 아닐 미(靡) = 麻 + 非 : 숲이 아니다.
· 갈 마(磨) = 麻 + 石 : 돌로 갈다.
· 갈 마(摩) = 麻 + 手 : 손으로 갈다.

**黃**

누를 황

황(黃)은 갑골문에서는 대(大)와 구(口)의 의미로 사람을 상형한 것이라 하고, 또 불이 붙은 화살의 모양을 본뜬 것이라고 하여, 황색을 나타내는 한자에 사용하고 있다. 황(黃)도 자체 글자 이외에 많이 사용되는 한자는 없다.

『주역』에서 황(黃)은 "누른 치마(황상 黃裳)", "검고 누렇다(현황 玄黃)", '황금(黃金)', "누런 소의 가죽(황우지혁 黃牛之革)" 등이라 하여, 땅의 뜻을 가지고 있는 곤괘(坤卦)의 의미로 사용하고 있다.

'검다'라는 현(玄)이 건도(乾道)의 의미라면, '누렇다'라는 황(黃)은 현상세계에 펼쳐지는 것으로 지도(地道)를 상징하고 있다.

한자 안의 **한자**읽기

· 치마 상(裳) = 常 + 衣 : 늘어뜨린 옷

기장 서

　　기장 서(黍)는 화(禾)와 수(水)의 회의(會意)문자로 오곡 중의 하나인 기장을 뜻한다. 또 서(黍)는 화(禾)와 인(人) 그리고 수(水)로 앞에서 이야기한 것과 같이 사람이 하늘의 뜻에 따라 다스린다는 의미로 해석되어 진다.

　　검을 려(黎)는 서(黍)와 포(勹) 그리고 별(丿)로 '많다'·'검다'라는 뜻으로 사용되고 있다.

• 검을 려(黎) = 黍 + 勹 + 丿 : 기장을 감싸다.

# 黑

검을 흑

검을 흑(黑)은 밑에서 불길이 타 올라 검게 되는 것으로 검은 빛이나 검은 것을 나타내는 한자에 사용된다.

검을 검(黔)은 흑(黑)과 이제 금(今)이고, 점 점(點)은 흑(黑)과 점(占)이고, 무리 당(黨)은 당(堂)의 윗부분과 흑(黑)이고, 먹 묵(墨)은 흑(黑)과 토(土)로 '검다'라는 뜻을 가진 형성(形聲)문자이다.

입 다물 묵(黙)은 흑(黑)과 견(犬)으로 개는 군자를 상징하고 군자는 입을 다물고 묵묵히 자신의 일을 해나가는 것이다.

『주역』에서 흑(黑)은 원형세계에 나타난 검은 것으로 근세대와의 의미인 것이다.

한자 안의 **한자**읽기

- 검을 검(黔) = 黑 + 今 : 지금 검다.
- 점 점(點) = 黑 + 占 : 검은 점
- 무리 당(黨) = 堂 + 黑 : 마당에 모이다.
- 먹 묵(墨) = 黑 + 土 : 땅이 검다.
- 입 다물 묵(黙) = 黑 + 犬 : 묵묵히 자기 일을 하는 군자

黹

바느질할 치

바느질할 치(黹)는 헝겊에 무늬를 수놓은 모양을 본뜬 것으로 '자수'의 의미를 가지고 있다.

수 불(黻)은 치(黹)와 발(犮)이고, 수 보(黼)는 치(黹)와 보(甫)로 자수의 의미를 가진 형성문자이다.

- 수 불(黻) = 黹 + 犮 : 수가 달리다.
- 수 보(黼) = 黹 + 甫 : 수가 아름답다.

맹꽁이 맹

---

맹꽁이 맹(黽)은 맹꽁이를 본뜬 것으로 맹꽁이와 개구리 등의 동물을 나타내는 한자에 사용되고 있다.

자라 원(黿)은 원(元)과 맹(黽)이고, 개구리 와(鼃)는 규(圭)와 맹(黽)이고, 악어 타(鼉)는 구(口) 2개와 전(田) 그리고 맹(黽)으로 모두 양서류와 파충류를 의미하는 형성문자이다.

한자 안의 **한자읽기**

· 자라 원(黿) = 元 + 黽 : 맹꽁이의 으뜸
· 개구리 와(鼃) = 圭 + 黽 : 땅의 맹꽁이
· 악어 타(鼉) = 口 + 田 + 一 + 黽 : 물 밖으로 눈 내민 악어

鼎
솥 정

   정(鼎)은 세발솥을 본뜬 것으로 솥과 관련된 한자에 사용되고 있다. 특히 하(夏)나라 우임금이 아홉 개의 솥을 만들어 왕위 전승의 보기(寶器)로 사용한 후 왕위·제업(帝業)·국가를 상징하는 것으로 사용되었다.

   『주역』에서는 64괘 가운데 50번째 괘인 「화풍정괘(火風鼎卦)」의 괘 이름으로 사용되고 있다. 정괘(鼎卦)는 나무 위에 불이 있는 형상으로 정작물로 솥 안의 음식을 삶아 하늘에 제사 지내고, 백성들을 길러내는 의미를 담고 있다.

鼓
닥고

북 고(鼓)는 아기 주(壴)와 지(支)의 회의(會意)문자로 손에 채를 잡고 북을 치는 모습을 나타내고 있다.

『주역』에서 고(鼓)는 십(十)과 두(壴) 그리고 지(支)로 왼쪽은 하늘을 받들고 있는 것이고, 오른쪽은 하늘을 잡고 있는 것으로 풀이된다. 따라서 북 소리는 신명(神明)의 울림으로 하늘의 소리를 상징하고 있다.

『주역』에서는 "질그릇을 두드리지 않고 노래한다(불고부이기 不鼓缶而歌)", "북을 두드리고 춤을 춘다(고지무지 鼓之舞之)"라고 하여, 사람이 하늘의 뜻과 감응하기 위해 울리는 북소리의 의미를 담고 있다.

鼠
쥐 서

쥐 서(鼠)는 이를 드러내고 꼬리가 긴 쥐의 모양을 본뜬 것으로 쥐와 관련된 한자에 사용되고 있다.

석서 석(鼫)은 서(鼠)와 석(石)으로 다람쥐와 비슷한 동물이고, 날다람쥐 오(鼯)는 서(鼠)와 오(吾)로 다람쥐를 의미하는 형성문자이다.

『주역』에서 서(鼠)는 간괘(艮卦)로 성인이 밝힌 진리를 재빠르게 실천하는 군자를 상징하고 있다. 또 「화지진괘」에서는 "나아감이 석서(鼫鼠)와 같다(진여석서 晉如鼫鼠)"라고 하여, 민첩하게 행동하는 다람쥐의 모습을 통해 군자의 행동을 이야기하고 있다.

한자 안의 **한자**읽기

- 석서 석(鼫) = 鼠 + 石 : 돌 같은 쥐
- 날다람쥐 오(鼯) = 鼠 + 吾 : 내가 쥐다.
- 나아갈 진(晉) = 二 + 厶 + 日 : 해가 떠오르다.

鼻

코 비

비(鼻)는 코의 모양을 본뜬 것으로 코와 관련된 한자에 사용한다.

『주역』에서 비(鼻)는 자(自)와 전(田) 그리고 입(卅)으로 하늘이 스스로 이
십(卅) 가을 통해 마음 밭을 다스리는 의미이며, 괘(卦)에서는 산괘(田田)
에 해당된다.

고는 단순히 냄새만 맡는 것이 아니라 그 사람의 인격적 성성(成成)을 알
아차리게 하는 마음의 기능을 담당하고 있다. 이것을 '비후인륜(鼻嗅人倫)'이
라고 한다.

『주역』에서는 "살갗을 씹다가 코를 없애다(서부멸비 噬膚滅鼻)"라고 하여, 인
간의 욕망을 쫓아가다가 군자지도(君子之道)까지 없애는 것으로 이야기하고
있다.

한자 안의 **한자**읽기

- 씹을 서(噬) = 口 + 筮 : 입으로 헤아리다.
- 살갗 부(膚) = 虍 + 胃 : 호랑이 밥통
- 멸할 멸(滅) = 氵 + 丿 + 一 + 火 + 戈 : 물과 불의 심판이다.

齊

가지런할 제

가지런할 제 제(齊)는 곡물의 이삭이 자라서 가지런한 모양을 본뜬 것으로 '가지런하다'·'균일하다'의 뜻이다.

제(齊)는 『주역』의 64괘 가운데 마지막 63번째 「수화기제괘(水火旣濟卦)」와 64번째 「화수미제괘(火水未濟卦)」에서 이미 건너온 세상과 아직 건너가지 못한 세상의 의미로 이야기하고 있다.

『주역』에서 제(齊)는 "작은 것과 큰 것을 가지런히 한다(제소대자 齊小大者)"라 하고, "손괘(巽卦)에서 가지런해지고(제호손 齊乎巽)", "가지런한 것은 만물을 청결하게 가지런히 하는 것을 말한다(제야자 언만물지결제야 齊也者 言萬物之潔齊也)"라고 하여, 만물을 깨끗하고 가지런하게 하는 의미로 이야기하고 있다.

한자 맛의 한자읽기

· 재계할 재(齋) = 齊 + 示 : 하늘의 계시를 받들다.
· 건널 제(濟) = 氵 + 齊 : 물을 가지런히 한다.
· 깨끗할 결(潔) = 氵 + 丰 + 刀 + 糸 : 물로 예쁘게 하다.

齒
이 치

이 치(齒)는 사람의 이를 본뜬 것으로 물건을 물어서 멈추게 하기 때문에 지(止)가 위에 들어 있으며 이와 관련된 한자에 사용되고 있다.

잇몸 은(齦)은 치(齒)와 간(艮)으로 이를 그치게 하는 것이 잇몸이고, 깨물 설(齧)은 설(契)의 윗부분과 치(齒)이고, 나이 령(齡)은 치(齒)와 령(令)으로 이와 관련된 형성(形聲)문자이다. 사람의 나이는 이를 보면 알 수 있기 때문에 치(齒)가 나이 령(齡)에 사용되고 있다.

맹자에서는 사람이 존중해야 할 3가지를 이야기하고 있다. 그 집에 나이 가지는 마음이 높은 사람을 존중해야 하고, 조정 마음에 있어서는 지위를 존중해야 하고, 세상을 보호하고 사람들을 높은데 있어서는 덕(德)이 높은 사람을 존중해야 하는 것이다.

한자 안의 **한자**읽기

- 잇몸 은(齦) = 齒 + 艮 : 이가 그친 곳
- 깨물 설(齧) = 丰 + 刀 + 齒 : 이를 날카롭게 쓰다.
- 나이 령(齡) = 齒 + 令 : 이가 알려주다.

龍

용 룡

§ 룡(龍)은 하늘을 나는 용을 형상화한 것이다.

용(龍)은 『주역』과 익숙한 동물로 「중천건괘(重天乾卦)」에서는 여섯 효에서
'잠룡(潛龍)'·'현룡(見龍)'·'약룡(躍龍)'·'비룡(飛龍)'·'항룡(亢龍)'을 통해 하늘의
이치를 이야기하고 있다.

『주역』에서 용(龍)은 하늘의 작용을 주재하는 동물로 성인을 상징하는 건
괘(乾卦)이다.

한자 안의 **한자**읽기

- 잠길 잠(潛) = 氵 + 旡 + 日 : 물에 이미 잠기다.
- 뛸 약(躍) = 足 + 羽 + 隹 : 새가 발로 날개 짓 하다.
- 오를 항(亢) = 亠 + 几 : 책상위에 오르다.

기북 귀

귀(龜)는 거북의 모양을 본뜬 것으로 거북을 의미한다.

귀(龜)는 포(勹)와 망(罒) 그리고 초(艸)와 십(乂) 등으로 구성되어, 글자의 가운데에 십(十)이 들어 있어서 체십용구(體十用九) 작용하는 낙서(洛書)의 상징 동물임을 알 수 있으며,『주역』의 학문적 이치와 아주 밀접하게 관련이 있다.

『주역』에서 거북에 대하여, "너의 신령스러운 거북을 버리고(사이영귀 舍爾靈龜)", "혹이 더하는 것은 십(十)이 벗하는 것이니 거북도 능히 어기지 않는다(혹익지 십붕지 귀불극위 或益之 十朋之 龜弗克違)"라고 하여, 하늘의 뜻을 드러내 보이는 신령스러운 동물로 이야기하고 있다.

한자 안의 **한자**읽기

· 너 이(爾) = 一 + 巾 + 八 + 爻 : 진리를 가진 너
· 혹 혹(或) = 口 + 一 + 戈 : 혹은 하늘의 작용

피리 약

피리 약(龠)은 부는 구멍이 있는 관을 나란히 엮은 모양을 본뜬 것으로 대나무로 만든 피리를 의미한다. 사람이 대나무 관을 나란히 묶은 모양(龠)과 피리 구멍 3개(口口口)를 부는 모양이다. 피리는 하늘의 소리를 울려준다는 의미로 종묘제례악이나 궁중 음악에서 필수적인 악기로 사용되었다. 피리 약(龠)이 들어가는 종묘제사 이름 약(禴, 봄·여름 제사)에서 이것을 확인할 수 있다.

『주역』「택지췌괘」에서는 "믿음이 이에 약제사를 씀이 이롭다(부내이용약 孚乃利用禴)"이라고 하였고, 또 「수화기제괘」에서는 "서쪽 이웃의 약(禴) 제사와 같지 못하다(불여서린지약제 不如西隣之禴祭)"라고 하여, 사람이 믿음을 가지고 하늘에 신성한 제사를 올리는 것이 약(禴)임을 알 수 있다.

· 제사이름 약(禴) = 示 + 龠 : 하늘에 제사를 지내다.
· 믿을 부(孚) = 爫 + 子 : 알을 안다.
· 제사 제(祭) = 月 + 又 + 示 : 계시를 받들다.

## 저자 소개

### 정원(正圓) 임병학(林炳學)

저자는 2005년 충남대학교 대학원에서 「易學의 河圖洛書原理에 관한 연구」로 철학박사를 취득하고, 현재 원광대학교 동양학대학원에서 『周易』철학·正易哲學·四象哲學·一圓哲學을 연구·강의하고 있다.

### 저서
『一夫傳記와 正易哲學』(도서출판 연경원, 2013)
『치유와 성숙을 위한 인성보감』(도서출판 예다학, 2016, 공저)
『하늘을 품은 한자, 주역으로 풀다』(골든북스, 2016)
『동의수세보원, 주역으로 풀다』(골든북스, 2017)

### 논문

#### • 周易·正易哲學
「『주역』의 河圖洛書論과 계사상 제9장 고찰」(『동서철학연구』, 2017)
「『주역』의 河圖洛書論과 正易의 팔괘도 상관성 고찰」(『원불교사상과 종교문화』, 2016)
「『주역』의 時에 대한 고찰」(『인문학연구』, 2016)
「『周易』에 표상된 吉凶의 철학적 의미」(『퇴계학과 한국문화』, 2012) 등 20여편

#### • 四象哲學
「「확충론」의 속임·모욕·도움·보호(欺·侮·助·保)와 사상인의 마음작용」(『국학연구』, 2017)
「朱子의 『역학계몽』에 근거한 동무의 易學的 사유의 특징」(『한국문화』, 2014)
「사상철학의 마음연구(2) 文王八卦圖에 근거한 四象人의 마음작용 고찰」(『대동문화연구』, 2015) 등 20여편

#### • 一圓哲學
「『周易』에서 본 少太山의 발심 呪文과 大覺 직후 해석된 두 구절의 교리적 함의」
(『원불교사상과 종교문화』, 2017)
「소강절의 상수역학이 한국 신종교에 미친 영향─東學과 圓佛教를 중심으로」(『동서철학연구』, 2015)